LA ÓPERA

Y SU HISTORIA

TEXTO: ALESSANDRO TAVERNA

ILUSTRACIONES: ANDREA RICCIARDI, CLAUDIA SARACENI, SERGIO, THOMAS TROJER

TRADUCCIÓN: FRANCESC NAVARRO FÀBREGA

andantino

DoGi

andantino

CÓMO LEER ESTE LIBRO

Título original:
L'opera lirica

© 1998, DoGi SpA. Italia
© 1998, La Biblioteca editrice, srl - Italia

© 2006, Malsinet Editor, s.l.
Indústria, 11
(Pol. Ind. Buvisa)
08329 – Teià
(Barcelona)

Texto:
Alessandro Taverna
Assessor, *Stefano Catucci*
Ilustraciones:
Andrea Ricciardi, Claudia Saraceni, Sergio, Thomas Trojer
Compaginación edición en español: Cifra

ISBN 13: 978-84-934717-7-4
ISBN 10: 84-934717-7-1

Impreso por *Eurolitho SpA,* Rozzano (Milán), Italia

Cada página doble representa un capítulo relacionado con los grandes momentos de la historia de la ópera, sus lugares y sus protagonistas. Algunas páginas, más técnicas, estudian los elementos que la constituyen y las formas en las que la ópera nació y evolucionó. El texto en la parte de arriba y a la izquierda (1) y la gran ilustración central presentan el argumento principal. Las pequeñas columnas laterales (2) constituyen una profundización o una introducción al contexto histórico. Los otros elementos de la página —fotografías, reproducciones de documentos de la época, retratos— complementan el tema que se aborda.

CRÉDITOS

ABREVIACIONES:
A, alto; **Ab**, abajo; **C**, centro; **D**, derecha; **I**, izquierda; **AKG**, Archiv für Kunst und Geshichte, Berlín.
ILUSTRACIONES:
Las ilustraciones contenidas en este volumen, inéditas y originales, han sido realizadas según el proyecto y los cuidados de DoGi spa, poseedora de los *copyright.*
REALIZACIÓN:
Fausto Bianchi: 30-31; Stefano Bracelli: 24-25; Lorenzo Cecchi; 38-39, 56-57; Mateo Chesi: 14-15, 46-47; Mario Cossu: 26-27; Cesare D'Antonio: 6-7, 40-41; Tommaso Gomez: 22-23; L.R. Galante: 34-35; Andrea Ricciardi: 10-11, 32-33, 44-45; Claudia Saraceni: 28-29, 48-49, 52,53; Sergio: 4-5, 8-9, 20-21, 36-37; Giacomo Soriani: 12-13, 16-17, 42-43; Thomas Trojer: 18-19, 50-51, 54-55.
LOMO: Andrea Ricciardi.
CUBIERTA: Mateo Chesi.
LISTA DE REPRODUCCIONES:
DoGi spa ha hecho todo lo posible para encontrar los posibles derechos de autor. En caso de posibles omisiones o errores, a partir de ahora se excusa y se dispone a introducir las correcciones oportunas en la próximas ediciones de este libro. (Las obras reproducidas íntegramente van seguidas de la letra *t*; las obras reproducidas sólo parcialmente van seguidas de la letra *p*).
6I: Frontispicio para *Les Musiques de Jacobo Peri noble florentin Sur l'Eurydice d'Ottavio Rinuccini, Représentées pour les noces de la très chrétienne Marie de Médicis Reine de France et de Navarre* (BIBLIOTECA MORENIANA, FLORENCIA) t; **6D:** Cesare Lisi, *Modello interpretativo del Teatro Mediceo degli Uffizi per l'allestimento del 1589,* reconstrucción (ARCHIVOS DE LA PROVINCIA DE FLORENCIA) t; **7:** Bernado Buontalenti, boceto del vestuario de *Intermèdes della Pellegrina,* 1589 (BIBLIOTECA NACIONAL, FLORENCIA) t; **8:** Anónimo, *Posible retrato de Claudio Monteverdi,* cuadro del siglo XVIII (RCS, IGDA, MILÁN) p; **9I:** Escena de la ópera *L'incoronazzione di Poppea* de Claudio Monteverdi (TEATRO MUNICIPAL DE BOLONIA / PRIMO GNANI, MAGIC VISION, BOLONIA) t; **9D:** Dibujo para la ópera de Giovanni Legrenzi *Germanico sul Reno,* para el espectáculo de 1675 en Venecia; **10:** Anónimo, *Jean-Baptiste Lully,* grabado del siglo XVII (MUSÉE DU CHÂTEAU, VERSALLES) p; **11I:** Felice Casorati, boceto de escenario para *Dido y Eneas* de Henry Purcell, acto I-cuadro I, VI Maggio Musical Florentin, 1940, temple sobre madera compensada 55,5 x 70,5 cm (TEATRO MUNICIPAL DE FLORENCIA) t; **11D:** Anónimo según Keller, *Henry Purcell* t; **14I:** Thomas Hudson, *Georg Friedrich Händel,* cuadro (STAATSBIBLIOTHEK, HAMBURGO) p; **15I:** Anónimo, *El desembarcamiento en Inglaterra del célebre Senesino,* (IGDA, MILÁN) t; **15D:** Corrado Giaquinto, *Carlo Broschi, llamado Farinelli* (MUSEO CÍVICO BIBLIOGRÁFICO MUSICAL, BOLONIA) p; **16:** Anónimo, *Pietro Metastario,* grabado (IGDA, Milán) t; **17I:** A. M. Zanetti, *Caricatura de la primadonna Francesca Cuzzoni y del castrado Nicolini* (FUNDACIÓN GIORGIO CINI, INSTITUTO DE HISTORIA DEL ARTE, VENECIA) t; **17D:** Anónimo, *Giovan Battista Pergolesi, cuadro* (PINACOTECA CÍVICA, JESI) p; **19:** Francesco Saverio Candido, *Domenico Cimarosa al clavicordio,* 1785, óleo sobre tela, 127 x 102 cm (MUSEO DE SAN MARTINO, NÁPOLES) t; **20:** Joseph Siffred Duplessis, *Christoph Willibald Gluck a la espineta,* 1775, aceite sobre tela (MUSEO KUNSTHISTORISCHES, VIENA, AKG / ERICH LESSING, BERLÍN) p; **21I:** Escena de *Efigenia en Tauride* de Christoph Willibald Gluck, XLIV Maggio Musicale Florentin, 1981 (TEATRO MUNICIPAL, FLORENCIA) t; **21D:** Maqueta de escenario para *Dardanus* de Rameu, 1739 (BIBLIOTECA DE LA ÓPERA, PARÍS) t; **22I:** Franz Wolf, vestido de Papageno en *La flauta mágica* de Mozart, 1794-5, *grabado* (RHEINISCHE MUSEN) p; **22:** Anónimo, *Don Juan y Cerlina,* 1825 (aprox.), grabado coloreado (OSTERREISCHISCHES THEATER MUSEUM, VIENA; FOTO VOUCK) t; **24:** H. Mailly, *Caricatura de Rossini en su 75 aniversario,* 1867 (GIANCARLO COSTA) p; **25:** Frontispicio de *Guillermo Tell,* litografía (BIBLIOTECA DE LAS ARTES DECORATIVAS, PARÍS) t; **27I:** C. Ferraio, maqueta de escenario para *Norma,* estampa, 1898-99 (TEATRO REAL ITALIANO, PARÍS) t; **27D:** Giuseppe Cammarano, *Vincenzo Bellini,* cuadro (IGDA, MILÁN) t; **28:** Induno Girulamo, *Gaetano Donizzetti,* cuadro ( ) t; **29:** Primera maqueta para el vestuario de *Max de Franco Cacciatore* (AKG, BERLÍN) t; **30A:** Pierre-Auguste Renoir, *El Palco,* 1874, 80 x 64 cm (COURTAULD INSTITUTE, LONDRES) t; **30Ab:** Anónimo, *Lorenzo da Ponte,* grabado (FOTOTECA STORICA NAZIONALE) t; 31: Anónimo, *Hugo von Hofmannsthal,* cuadro (IGDA, MILÁN) t; **32:** *Le Grand Opéra,* París (ARCHIVES PHOTOS FRANCE, PARÍS) t; **33:** Vestido de escena de carnaval para Gilbert Duprez en *Benvenuto Cellini* (MUSEO DEL LOUVRE, PARÍS) t; **34:** Giuseppe Verdi (SERGIO ANELLI, ELECTA) t; **35I:** Giuseppe Verdi y Arrigo Boito en Santa Ágata, 1890 (aprox.) (MUSEO TEATRAL DE LA SCALA, MILÁN) t; **35D:** Gianni Vagnetti, maqueta de escena para *La Traviata* de Giuseppe Verdi, VI Maggio Musicale Florentin 1940, temple y lápiz sobre cartón 58,5 x 71 cm (TEATRO MUNICIPAL, FLORENCIA) p; **36:** *Richard Wagner,* 1868 (HULTON DEUTSCH COLLECTION) t; **37A-I:** Bayreuther Festpiele (BAYREUTNER FESTPIELE, BAYREUTH / FOTO JORG SCHULZE) t; **37A-D:** Hermann Hendrich, *Siegfrid lutte contre le dragon,* cuadro (MUSEO RICHARD WAGNER, BAYREUTH) p; **37Ab:** Escena extraída de la puesta en escena de *Parsifal* en el Bayreutner Festpiele, 1951 (BAYREUTNER FESTPIELE, BAYREUTH) t; **38:** Edgar Degas, *Orchestre de l'Opéra, 1868-9,* óleo sobre tela, 53 x 45 cm (MUSÉE D'ORSAY, PARÍS) t; **39:** *Gustav Mahler* (1905 aprox.) (HULTON DEUTSCH / BETTMANN) p; **40:** Ilia Iefimovic repin, *Modest Musorgsky,* cuadro (AGENCIA PRESS NOVOSTI, LONDRES) t; **41I:** Escena de *Eugéne Onégin* en la puesta en escena representada en 1973 en el teatro de La Scala de Milán por la compañía teatral Bol'soj (TEATRO DE LA SCALA, MILÁN) t; **41D:** Piotr Konchalovsky, *Sergei Prokofiev,* 1934, cuadro (AGENCIA PRESS NOVOSTI, LONDRES) p; **42:** *Giacomo Puccini* (RCS-IGDA, MILÁN) p; **42 Ab:** Adolfo Hohenstein, frontispicio para *Tosca* (CENTRO VERDI-TOSCANINI, PARMA) t; **43:** Momento de la puesta en escena de *La caballería rusticana* (TEATRO PÚBLICO DE BOLONIA, FOTO PRIMO GNANI, MAGIC VISION, BOLONIA) t; **44:** Prosper Mérimée, maqueta de una escena de *Carmen* de Georges Bizet, 1846, acuarela (FOTO ARCHIVES FABRI, MILÁN) t; **45I:** La soprano Mary Garden y el tenor Jean Perrier con los vestidos de la escena de *Pelléas y Mélisande* (BIBLIOTECA DE ARTES DECORATIVAS, PARÍS) t; **45D:** Léon Bakst, dibujo para el vestuario de *Narciso,*1911, lápiz, guache y pinturas de bronce sobre papel (THE FINE ART SOCIETY, LONDRES) t; **46:** Egon Schiele, *Arnold Schoenberg* (FISCHER FINE ART, LONDRES) t; **47I:** Escena de *West Side Story* (FOTO ARCHIVES FOTO EDITORE) t; **47D:** Ferdinand Schmutzer, Richard Strauss, 1924 (aprox.), grabado (PROF. RUDOLF HARTMANN, MUNICH) t; **51I:** Giorgio de Chirico, boceto de escena para *Los puritanos,* acto II, cuadro I, I Maggio Musicale Florentin 1933, temple y lápiz sobre papel, 33,5 x 43 cm (TEATRO PUBLICO DE FLORENCIA) t; **51D:** Bernardo Buontalenti, dibujos para el *Intermedio I, Necessità con le tre Parche,* 1589 (BIBLIOTECA NACIONAL, FLORENCIA) t; **51Ab:** Oscar Kokoschka, boceto de escena para el *Baile de máscaras,* acto I, escena I, XXVI Maggio Musicale Florentin, 1963, litografía, 75 x 52 cm (TEATRO PUBLICO, FLORENCIA) t; **53I:** Umberto Brunelleschi, maqueta de vestuario de Turandot para *Turandot* de Puccini, VI Maggio Musicale Florentin 1940, temple, lápiz y purpurina sobre papel, 36 x 26 cm (TEATRO PUBLICO, FLORENCIA) t; **52:** Giacomo Manzú, vestido de Tristan para *Tristán e Isolda,* Teatro La Fenice, Venecia 1970-1 (DONATION TIRELLI, MUSEO DE VESTIDOS DEL PALACIO PITTI, FLORENCIA) t; **54A:** Max Reinhardt (ROGER VIOLLET, FRANCE) p; **54Ab:** Luca Ronconi (IGDA, MILÁN) p; **55A:** Luchino Visconti en el set de *La Caduta degli dei* (MARSILIO EDITORE); **57:** Philip Glass (LINDA STONE) t; **56 Ab:** Renzo Piano, sección de un espacio musical situado en la iglesia de San Lorenzo, Venecia (COLECCIÓN RENZO PIANO, G NES) t; **58I:** Chardin, Jean-Baptiste Siméon, Jean Philipe Rameau, pintura al óleo (MUSEO DEL LOUVRE, PARÍS) t; **58D:** Ludwig Schnorr y su esposa Malvine en el *Tristan* de Wagner (IGDA-Dagli Orti, MILÁN) t; **59I:** La sala de teatro La Fenice de Venecia (IGDA-Dagli Orti, MILÁN) t; **59D:** Ilustración de la primera edición de la ópera *Orfeo y Eurídice,* publicada en París en 1764 (IGDA-Dagli Orti, MILÁN) t; **60A:** El teatro Bolshoj de Moscú (RCS, MILÁN) t; **60Ab:** Metropolitan Opera House de Nueva York en 1889 (RCS, MILÁN) t; **61I:** María Callas (IGDA-Dagli Orti, MILÁN) t; **61D:** Luciano Pavarotti (TEATRO LA SCALA, MILÁN) t; **62I:** Claudio Abbado (Curcio, Milán) t; **62D:** Herbert von Karajan (RCS-IGDA, MILÁN) t; **63:** Seiji Ozawa: (IGDA-Dagli Orti, MILÁN) t.

CUBIERTA: *(De izquierda a derecha):* **1.** Adolfo Hohenstein, frontispicio de *Tosca* (Centro Verdi-Toscanini, Parma) p; **2.** La soprano Mary Garden con el vestido de la escena de *Melisande* (Biblioteca de las Artes Decorativas, París) p; **3.** Una escena de *West Side Story* (Foto Archivio Curcio Editore) p; **4.** Piotr Konchalovsky, Sergei Prokof'ev, 1934, cuadro (Agencia Press Novosti, Londres) p.

CUARTETO DE LA CUBIERTA:
Giacomo Puccini (RCS-IGDA, MILÁN) p.

ÍNDICE

LOS PROTAGONISTAS

La historia del teatro cantado se inició hace cuatro siglos. Empezó en Florencia, gracias al deseo de algunos intelectuales de hacer revivir la tragedia griega. Pero el drama musical, o melodrama, nacido en la corte, encuentra con rapidez los favores del gran público y se desarrolla por toda Europa bajo dos formas: ópera seria y ópera buna, y necesita la construcción de teatros apropiados. Los grandes compositores no son los únicos protagonistas de esta página extraordinaria del arte y las costumbres; están también los libretistas, los cantantes, los empresarios musicales, los decoradores, los directores de orquesta y los directores de escena.

♦ **LOS PIONEROS** Claudio Monteverdi (1567-1643), Jean-Baptiste Lully (1632-1687), Henry Purcell (1659-1695).

♦ **EL GENIO DEL SIGLO XVIII** Wolfang Amadeus Mozart (1756-1791).

♦ **TRES LIBRETISTAS** Pietro Metastasio (1698-1782), Lorenzo Da Ponte (1749-1838) y Hugo von Hofmannsthal (1874-1929).

♦ **CLÁSICOS Y ROMÁNTICOS** Gioacchino Rossini (1792-1868), Vincenzo Bellini (1801-1835), Carl Maria von Weber (1786-1826), Giacomo Meyerbeer (1791-1864).

♦ **LOS AUTORES DEL SIGLO XVIII** Georg F. Händel (1685-1759), Domenico Cimarosa (1749-1801), Christoph W. Gluck (1714-1787).

♦ **LOS GIGANTES DEL SIGLO XIX** Giuseppe Verdi (1813-1901), Richard Wagner (1813-1883).

♦ **COMPOSITORES DEL SIGLO XIX** Modest Mussorgski (1839-1881), Piotr Illich Tchaikovski (1840-1893), Hector Berlioz (1803-1869), Georges Bizet (1838-1875).

♦ Los grandes directores de orquesta Arturo Toscanini (1867-1957), Herbert von Karajan (1908-1989) y Leonard Bernstein (1918-1990).

♦ Tres directores escénicos Max Reinhardt (1873-1943), Luchino Visconti (1906-1976), Peter Sellars (1957).

♦ Directores y empresarios Domenico Barbaja (1778-1841), y el director de la Ópera de París, Louis Veron (1798-1867).

♦ Dos decoradores Adolphe Appia (1862-1928) y Nicolas Venios (1901-1988).

♦ Los grandes cantantes Carlo Broschi, llamado Farinelli, (1705-1782), Gilbert Duprez (1806-1896) y Enrico Caruso (1873-1921).

♦ El siglo xx Giacomo Puccini (1858-1924), Claude Debussy (1862-1918), Richard Strauss (1864-1949), Alban Berg (1885-1935), Benjamin Britten (1913-1976), Arnold Schönberg (1874-1951).

♦ Las divas del *bel canto* Isabella Colbran (1785-1845), Giuditta Pasta (1797-1865) y María Callas (1923-1977).

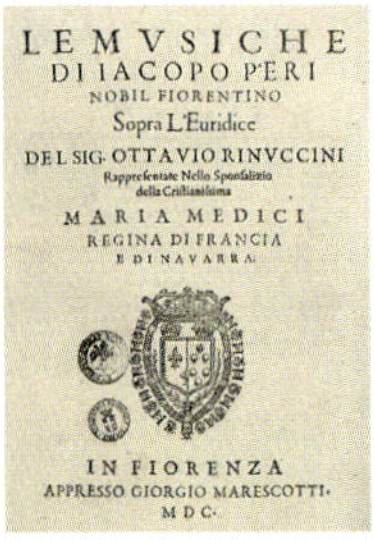
LE MVSICHE
DI IACOPO PERI
NOBIL FIORENTINO
Sopra L'Euridice
DEL SIG. OTTAVIO RINVCCINI
Rappresentate Nello Sponsalitio
della Cristianissima
MARIA MEDICI
REGINA DI FRANCIA
E DI NAVARRA.
IN FIORENZA
APPRESSO GIORGIO MARESCOTTI.
M D C.

♦ **Orfeo y Eurídice**
El sonido de la lira de Orfeo hacía mover a los árboles y domaba a los animales. El mito cuenta que el cantante, originario de Tracia, bajó a los infiernos para devolver la vida a su esposa Eurídice, muerta por la mordedura de una serpiente. Las divinidades de los infiernos, enmudecidas por su canto, le dieron a Eurídice con la condición de que no la contemplara hasta no haber salido de la ultratumba. Pero Orfeo se giró para contemplar a su esposa y la perdió de nuevo. Símbolo del canto y de la música, este mito fue el tema predilecto de los comienzos del melodrama. Dos miembros de la *Camerata*, Caccini y Peri, se enfrentaron por él. Peri propuso, contrariamente a la tradición y a las elaboraciones futuras, un final feliz. Arriba, el frontispicio de la edición original y de la partitura de Peri.

Los orígenes

La historia de la ópera lírica comienza en Florencia. Es allí donde, al final del siglo XVI, un grupo de intelectuales se reúne en casa del conde Giovanni Bardi y elaboran una renovación de la música de la época tomando como referencia –según las tendencias del Renacimiento– la cultura clásica y la tragedia griega. Este grupo se llama *Camerata* florentina. Entre sus miembros se encuentran matemáticos y poetas, todos músicos o cantantes. Los miembros de la *Camerata* aspiran a una música que acompañe, de forma natural, las palabras comprensibles y se inspiran en la tragedia griega, a la cual se le atribuían estas características. La corte de los Médicis proporcionó la ocasión para poder ensayar este nuevo género de espectáculo. Efectivamente, al principio, la ópera estaba ligada a la vida de la corte y la mitología griega constituía su principal fuente de inspiración.

♦ **El teatro Mediceo de los Oficios**
Las representaciones teatrales en los palacios del Estado o de los soberanos eran muy frecuentes en la Italia del Renacimiento, sobre todo en Florencia, donde, en 1584 el arquitecto Bernardo Buontalenti transformó en teatro el gran salón del Palacio de los Oficios.

La representación de *Eurídice*
La primera ópera de la historia del melodrama fue representada el 6 de octubre de 1600 en el Palacio Pitti, residencia del gran duque de Toscana, para un público limitado que festejaba las nupcias de María de Médicis y Enrique IV, rey de Francia.

♦ **Jacopo Peri**
(1561-1633)
Antes de *Eurídice* compuso la música, hoy perdida, de una *Dafne*.

♦ **Ottavio Rinuccini**
(1563-1621)
Aristócrata florentino. Escribió versos para la música de Peri.

♦ **María de Médicis**
(1575-1642)
Hija de Francisco I gran duque de Toscana. Fue reina de Francia y poderosa regenta del reino.

♦ El Palacio Pitti
Contrariamente a la fachada actual, la fachada del siglo XVII conservaba las proporciones originales del siglo XV, típicas de la gran arquitectura civil del Renacimiento que nació en Florencia.

♦ El cardenal
Ferdinando de Médicis: es él quien celebró el matrimonio entre María y el rey de Francia, este último ausente en la ceremonia y representado por un cortesano.

♦ Giulio Caccini
(1550-1618)
Es cantante y toca también la viola. Rival de Peri y autor de una *Eurídice* personal, colabora con él en la representación nupcial.

♦ Emilio de' Cavalieri
(1550-1602)
Es el administrador de las actividades musicales en la corte del gran duque de Toscana.

♦ Giovanni de' Bardi
(1534-1612)
La *Camerata* se reunía en su palacio. En esas reuniones se teorizaba sobre la necesidad del canto monódico en el teatro musical.

♦ «Recitar cantando»
Los músicos y los letrados que formaban parte de la *Camerata* de Bardi sostenían la necesidad de una música monódica, es decir, a una sola voz, para permitir a las palabras ser exaltadas sin que la música las pisara, como ocurría en la música polifónica. Estas tesis fueron expuestas por Vincenzo Galilei (1520-1591), quien, en el *Diálogo de la música antigua y moderna* (1581), propone un retorno al antiguo equilibrio entre palabra y música.

Arriba boceto del vestuario de Bernardo Buontalenti.

♦ El conde Jacopo Corsi
Él ofreció la representación de *Eurídice* como homenaje personal para las nupcias.

♦ Gabriello Chiabrera
(1552-1638)
Sus creaciones poéticas fueron musicadas por muchos compositores.

En Venecia

♦ Claudio Monteverdi
Nace en Cremona en 1567. Violinista, cantante y profesor de canto en la corte de Gonzaga en Mantua. Fue autor de numerosos madrigales, de los cuales un buen número se caracterizan por un acusado estilo teatral, tal como el *El combate de Tancredo y Clorinda,* inspirado en la obra *Jerusalén liberada* de Tasso, y contenida en el octavo libro de los *Madrigali guerrieri et amorosi.* En 1607, en Mantua, su fábula musical con el texto de Alessandro Striggio, *Orfeo*, se pone en escena. Al año siguiente, Monteverdi propone a la corte de los Gonzaga, *Ariadna*, una tragedia de Octavio Rinuccini, cuya música se ha perdido, salvo el «Lamento» de la protagonista. El músico dedica sus últimos años al teatro con *El regreso de Ulises* y *La coronación de Popea.* Las dos óperas se representan en Venecia, donde Monteverdi muere en 1643. Arriba, su retrato.

Aunque el melodrama nace como espectáculo exclusivo de la corte, su popularidad favorece muy pronto la construcción de teatros que le son reservados y que se abren al público. El primer edificio para la ópera se construyó en Venecia durante la primera mitad del siglo XVII. Venecia se volvió de inmediato la capital de este nuevo género teatral. Los cortesanos no son los únicos espectadores; lo son todos aquellos que pagan una entrada. Los palcos están destinados por abono a la nobleza, mientras que las entradas del patio de butacas se compran la misma noche y para seguir el espectáculo de pie. Si el teatro no está lleno, se le concede la entrada a los gondoleros de Venecia, entusiastas y ruidosos. El maestro Claudio Monteverdi pasa los últimos años de su vida en este ambiente.

♦ Busenello
Gian Francesco Busenello (1598-1659) es autor del libreto de *La coronación de Popea*, ópera que ofrece una extensa gama de estilos.

El taller de Monteverdi
Durante el invierno de 1642, Claudio Monteverdi y sus colaboradores trabajan en el salón de un palacio veneciano. Como en un taller de arte, cada uno aporta su granito de arena a la nueva ópera: *La coronación de Popea.*

♦ Los alumnos
Los músicos más jóvenes ayudan al maestro, a la edad de setenta y cinco años, a escribir ciertas partes de la ópera.

♦ Los instrumentos
El tiorba y el guitarrillo se solían emplear para acompañar a los cantantes.

♦ *La coronación de Popea*
Es la última ópera de Monteverdi, representada en Venecia, en 1643. Arriba, una escena en el teatro Comunal de Bolonia, dirigida en 1992 por el director de escena Graham Vick.

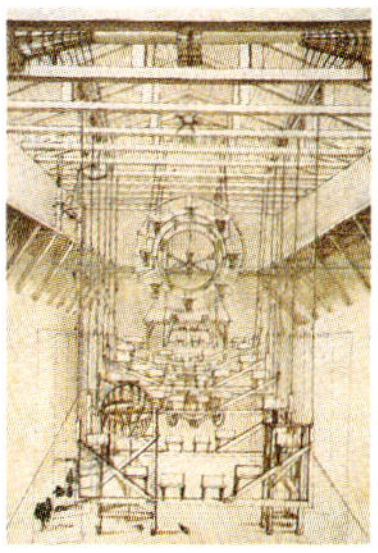

♦ La ópera en Venecia
La ópera pública nace con la apertura del teatro de San Casiano en 1637. La compra de la entrada da al espectador el derecho de acceder a la sala. Los propietarios de los teatros y los empresarios musicales organizan las temporadas de espectáculos concentrados durante el período de carnaval con dos nuevas óperas que pueden representarse, como máximo, treinta veces. Mientras el libreto se imprime, la partitura queda manuscrita y puede modificarse según la voluntad de los músicos y los cantantes. Entre los autores destacan un alumno de Monteverdi, Francesco Cavalli (1602-1676), Pietro Andrea Ziani (1620-1684) y Giovanni Legrenzi (1626-1690), los cuales se inspiran sobre todo en la mitología para escribir sus dramas. Arriba, grabado de la ópera *Germanico sul Reno* (1676) de Legrenzi.

♦ La biblioteca
Entre las fuentes del libreto de *La coronación de Popea*, dedicado a los hechos de la historia de la Roma imperial, hay ciertos pasajes de los *Anales* del historiador latino Tácito. Relatan el ascenso al poder de la favorita del emperador Nerón.

♦ Francesco Cavalli
Es el alumno mejor dotado; escribió numerosas óperas basándose en temas mitológicos y licenciosos.

♦ Monteverdi
Durante sus últimos años, el músico intenta componer una música que reproduzca los caracteres y las pasiones humanas.

En Europa

La ópera se difunde desde Venecia, no solamente a otras ciudades italianas, sino también al resto de Europa. En la segunda mitad del siglo XVII evoluciona de la misma manera que la música instrumental. La ópera italiana es un modelo alrededor del cual –como ocurre en Inglaterra– hay formas específicas. En Francia, particularmente, el monarca absoluto Luis XIV, el rey Sol, favorece una unión original entre música y canto: Jean-Baptiste Lully innova con éxito situando la danza en el centro de la tragedia lírica. Lully es un organizador infatigable de fastuosos espectáculos y extiende al drama musical los rasgos típicos del gran teatro en prosa francés del siglo XVII.

♦ La tragedia lírica
La Francia de Luis XIV conoció un período teatral extraordinario que hizo aparecer a grandes dramaturgos: Pierre Corneille (1606-1684), Molière (1622-1673), Jean Racine (1639-1659). Su teatro retoma las reglas clásicas, con los rigurosos principios de equilibrio, verosimilitud y honor. El teatro musical de Jean-Baptiste Lully (1632-1687) (arriba, su retrato), quien trabajaba a menudo con Molière, se inspira en estas reglas. Él dará vida al género francés del melodrama, la *tragedia con música*, haciendo representar catorce títulos nuevos en la corte de Versalles o en la Academia de la Ópera de París. Cada ópera preveía intermedios y danzas durante los cinco actos. Los temas eran sobre todo mitológicos: *Alcides, Teseo, Belerofonte, Amadis, Armide.*

Versalles
Cercano a París, el fastuoso palacio real que hizo construir Luis XIV es el principal lugar de la vida de la corte francesa y de los espectáculos, a los que asiste muy a menudo el soberano en persona.

♦ Lully
Nacido en Florencia, su verdadero nombre es Giovanni Battista Lulli. Conseguirá conquistar los favores del rey Sol, quien le conferirá la organización de los espectáculos musicales.

♦ Los bailarines
La danza será un elemento fundamental del melodrama francés en los siglos XVII al XIX.

♦ Los músicos
Luis XIV permite a Lully desarrollar la música instrumental financiando la formación de la orquesta más grande de la época: la *Gran Banda de Violines del Rey.*

♦ **Dido and Aeneas** La ópera (Londres, 1689) de Henry Purcell explica el amor trágico que la reina Dido siente por el héroe Aeneas que ha llegado a Cartago en el curso de sus peregrinaciones por el Mediterráneo. Al lado, el boceto del escenario del VI Maggio Musicale florentino en 1940.

♦ **La ópera europea en el siglo XVII** En la zona de influencia alemana la ópera italiana tuvo más impacto en el sur: Salzburgo, Praga, Múnich y Viena. Inglaterra cultiva una forma diferente de la ópera italiana: intermedios donde se alternan danzas, cantos y música que acompañan la puesta en escena de dramas históricos o mitológicos. El nombre de estos espectáculos, donde la música explicitaba una acción muda, estaba enmascarado. Entre los autores ingleses se distinguía Henry Purcell (1659-1695) (arriba, su retrato). Él dio vida a una ópera breve compuesta de un prólogo y tres actos, titulada *Dido and Aeneas*, así como a una vasta producción de música de escena. En España, la nueva ópera no encontró inicialmente los favores del público, ya que el género local de la zarzuela, en el que se alternaba la música y el juego teatral, le creaba obstáculos.

♦ **Luis XIV** Muy atento al cuidado de su imagen personal, se presenta incluso en escena bajo formas alegóricas de lo más diversas.

Los cantantes

Cada fase de la historia de la ópera, con la alternancia de estilos y géneros, privilegió diferentes tipos de cantantes y se identificó con registros de voz particulares. La diferencia entre los cantantes se establece, sobre todo, por la extensión de su voz que puede ir del agudo extremo, emitido por sopranos y tenores, a las notas graves alcanzadas exclusivamente por barítonos y bajos. La diferencia entre timbres y tipos de emisión es también muy importante, ya que contribuye a caracterizar una voz en relación con otra.

Los registros de voz
En el dibujo, la extensión de la voz de los cantantes está representada en función de su capacidad de subir y bajar en la escala musical. De izquierda a derecha, las voces se sitúan del registro más grave al más agudo.

♦ **Contratenor** Es el cantante que interpreta generalmente el papel de castrado o de cantante femenina en las óperas barrocas tales como *Julio César* en la ópera homónima (1724) de Georg Friedrich Händel.

♦ **Tenor** Intérprete del gran repertorio romántico para el cual se necesitan cualidades atléticas y de potencia, fundamentales para ser el verdadero protagonista del melodrama del siglo XIX. El tenor por excelencia es Manrico en *Il trovatore* (1853) de Giuseppe Verdi.

♦ **Barítono** La voz que alcanza los tonos más graves. Ésta caracteriza a numerosos personajes de Mozart y afirma al tenor heroico, su típico rival. Mefistófeles en *Fausto* (1859) de Charles Gounod es, en este sentido, un personaje emblemático.

♦ **Bajo** Los papeles interpretados por los bajos son muy variados. Podemos encontrar muchos personajes de la ópera bufona, pero también a los más viejos y a protagonistas wagnerianos tales como Gurnemanz en *Parsifal* (1882), de Wagner.

♦ **Soprano de coloratura** Generalmente es una voz ligera pero capaz de afrontar papeles virtuosos con notas muy agudas. Es la intérprete ideal para Lucía de Lammermoor en la ópera homónima (1835) de Gaetano Donizetti.

♦ **Soprano lírica** Comprende diversas categorías de voz al igual que estilos de canto en los cuales se tiende a situar a una intérprete que tenga una voz muy timbrada. Puede ser Madama Butterfly, de la ópera homónima (1904) de Giacomo Puccini.

♦ **Soprano dramática** Tiene una extensión mayor hacia las notas bajas. Las grandes voces de la ópera alemana de finales del siglo XIX (Richard Wagner) y de principios del siglo XX, capaces de interpretar el papel de Electra de la ópera homónima (1909) de Richard Strauss, pertenecen a esta categoría.

♦ **Mezzosoprano y contralto** Extensión idéntica con algunas diferencias de timbre para las cantantes que pueden afrontar el papel de la Cenerentola, en la ópera homónima (1817) de Gioacchino Rossini.

LA FASTUOSIDAD DEL *BEL CANTO*

♦ HÄNDEL
El más grande compositor de ópera de principios del siglo XVII fue Georg Friedrich Händel (1685-1759). Arriba, en un retrato. Nacido en Halle, Sajonia, compuso para los teatros de Florencia, Roma y Venecia. Fue maestro de una capilla de Hannover y, en 1710, fue director de la Royal Academy of Music de Londres. Escribió muchos oratorios sagrados y *concerti grossi*. Su suite para la orquesta *Música acuática* (1715-1717) es famosa. Compuso más de cuarenta óperas serias, a partir de libretos italianos de inspiración mitológica. Entre sus obras maestras destacan *Agrippina* (Venecia, 1709), *Julio César en Egipto* y *Tamerlano* (Londres, 1724), *Rodelinda* (1725), *Alcina* (1735), *Serse* (1738). En sus óperas, como en el *bel canto*, las partes solistas prevalecen por encima del conjunto de dos voces, de los coros y de las sinfonías descriptivas.

La afirmación definitiva del teatro con música se produce gracias a los cantantes que devienen, para el público, auténticos divos. Desde finales del siglo XVII, en el melodrama, la atracción la representan los grandes intérpretes que aparecen en escena. Un buen número de ellos son cantantes castrados que interpretan indiferentemente papeles femeninos y masculinos. Los más conocidos toman nombres artísticos que se volverán rápidamente célebres, como Senesino y Farinelli. La época del *bel canto* coincide con la de un gran músico: Georg Friedrich Händel. El canto solista domina sus grandes óperas.

LOS ÍDOLOS
Los intérpretes deleitan al público con su estilo espectacular y virtuoso, completamente desvinculado de toda preocupación de verosimilitud.

♦ EL DIVISMO
Los cantantes suscitan delirios y desmayos. La pompa barroca veneciana de la época pierde interés. La atención se centra en quienes cantan, en su interpretación y sus ornamentos. Los escenarios son pobres, ya que los empresarios prefieren invertir en las divas y en sus atuendos.

♦ EL PÚBLICO
El virtuosismo de los intérpretes se vuelve la atracción principal del público que frecuenta las salas de teatro.

♦ LA ORQUESTA
En la orquesta que acompaña las arias sobresalen los instrumentos que entablan un diálogo con la voz.

♦ **El Senesino**
Francesco Bernardi, llamado el Senesino (1680 aprox.-1750 aprox.) fue el intérprete de ciertas óperas serias de Händel representadas en Londres. Arriba, gravado que muestra la llegada por mar a Inglaterra del castrado.

♦ **Los castrados**
A partir del siglo XV se difunde la práctica cruel de la castración a determinados niños con una bella voz antes de la pubertad. La ausencia de hormonas sexuales favorece efectivamente la extensión de la voz, la cual se vuelve capaz de interpretar registros de soprano, contralto, tenor e incluso de bajo. Dotados de una voz más ágil y más potente que la voz femenina, los castrados tenían, en los inicios, el papel de reemplazar a las mujeres que no habían sido admitidas en los coros de la Iglesia a partir del siglo XV. En la época del *bel canto*, la moda de los castrados, de origen italiano, contribuye a alimentar los hábitos de añadir o cambiar apariencias enteras en las óperas sin demasiada atención a las exigencias dramáticas. Arriba, retrato de Carlo Broschi, llamado Farinelli.

♦ **Farinelli**
Su nombre era Carlo Broschi (1705-1782). La voz de este soprano tenía una extensión excepcional que contribuyó a convertirlo en el cantante más famoso de la historia de la ópera.

Los géneros

Durante la primera parte del siglo XVIII, la ópera seria y la ópera bufa son los dos géneros del drama musical, los dos con una fuerte impresión italiana.
Los protagonistas de la ópera seria son héroes, caballeros y personajes mitológicos que representan un mundo estilizado e ideal. La ópera bufa nace de las representaciones cómicas que se ofrecían durante los intermedios de los tres actos de la ópera seria. En la ópera bufa los temas son populares y así es como se ganan rápidamente el éxito entre el público, el cual aprecia la mayor naturalidad de los personajes. La ópera seria evoluciona gracias a la contribución del gran poeta Metastasio, mientras que el éxito de la ópera bufa se debe a Pergolesi.

♦ **Metastasio**
Los letrados Apostolo Zeno (1668-1750) y Pietro Metastasio (1698-1782) (arriba en un retrato) contribuyen a sancionar los cánones de la ópera seria y la alejan de toda contaminación cómica y la liberan de la pompa barroca. Fue sobre todo Metastasio quien ideó una nueva máquina dramática que permanecerá incambiable hasta principios del siglo XIX. Sus textos, entre los cuales destacan *La Olimpíada, La clemencia de Tito, Dido abandonada*, serán musicalizados muy a menudo por diferentes compositores. En el melodrama de Metastasio la estructura portante es la variedad de escenas en las que acontece la acción. Cada escena finaliza invariablemente con un aria solista que puede tener formas y caracteres según la pasión que domina el alma del personaje en ese momento.

♦ **La soprano de la ópera seria**
En la ópera seria las intérpretes deben sobre todo demostrar un gran virtuosismo en el canto.

♦ **El director de música**
Muy a menudo debe adaptarse y cambiar la música según las peticiones de los intérpretes.

Nápoles
En el siglo XVIII una escuela lírica de vanguardia a escala europea se afirma. Los actores de una ópera seria repiten con los de la ópera bufa que entran en escena durante los intermedios de los actos que cantan los primeros.

♦ **La soprano de la ópera bufa**
La cantante de ópera debe tener un sentido teatral muy grande para dejar en evidencia lo cómico de las situaciones.

♦ **Pergolesi y la escuela napolitana**
Giovanni Battista Pergolesi (1710-1736), arriba en un retrato, es el representante más importante de la escuela napolitana. Heredero de las enseñanzas de Alessandro Scarlatti (1660-1725), es el autor de *La serva padrona,* representada por primera vez en Nápoles en 1733, durante los intermedios del drama serio *Il prigionier superbo*. El éxito internacional de los intermedios eclipsa la ópera que los encuadra, de la misma manera que la mayor parte de la producción de este músico, poseedor de una vena melódica refinada. Sus intermedios más bellos son: *La Olimpíada* y *Lo frate 'nammorato* en dialecto napolitano. Nicolò Piccinni, Giovanni Paisiello y Domenico Cimarosa retoman su lección e influencian a muchas generaciones de músicos, entre ellos a Mozart.

♦ **Las caricaturas**
Los caprichos de los cantantes son ridiculizados por Benedetto Marcello en la sátira *Il teatro alla moda* (1720). Arriba, caricatura de Nicolò Grimaldi, llamado Nicolino, con Francesca Cuzzoni.

♦ **El poeta y el empresario musical**
Nuevas profesiones aparecen en el mundo de la ópera. En el siglo XVIII los poetas descubren una nueva profesión escribiendo los libretos de las óperas, mientras que los agentes artísticos contratan a los cantantes y los músicos.

Las partes de una ópera

En la estructura musical de la ópera las partes son distintas y, por lo tanto, fácilmente reconocibles en las composiciones escritas en la segunda mitad del siglo XVIII, cuando el estilo italiano alcanza su mayor expansión, en Italia y en el extranjero. Una parte instrumental, la obertura, precede a la acción, con el telón aún echado. A continuación, diferentes «fragmentos» de música se suceden: arias, dúos, tríos, según las necesidades impuestas por el número de personajes. El esquema musical puede variar: menos rígido y más variado, como en las grandes óperas de Mozart. En el siglo XIX, la subdivisión en diferentes «partes» de la partitura tiende a desaparecer y deja lugar a una fusión entre la voz y la orquesta, en una representación más realista.

1. **Obertura** El preludio, ejecutado por los instrumentos de la orquesta, precede al levantamiento del telón para el primer acto de la ópera. En nuestro caso, se trata de *El matrimonio secreto,* de Domenico Cimarosa.

2. **Introducción** Varias voces intervienen junto a la orquesta al levantarse el telón. *La hija del rico mercader, Carolina, se ha casado en secreto con Paolino, el joven vendedor. La pareja se encuentra a escondidas.*

3. **Aria** Es la intervención solista del cantante que puede expresar un sentimiento dominante. *El mercader, Don Geronio, acuerda con el conde Robinson que éste se case con Elisetta, su otra hija, y que lo anuncie a su familia.*

La estructura de una ópera
La estructura musical de *El matrimonio secreto* de Domenico Cimarosa está compuesta de diversos elementos que hacen progresar la acción de la ópera, escena tras escena.

4. **Cavatina** Es el aria destinada a presentar por primera vez a un personaje de la ópera. *Pero el aristócrata, una vez llega a casa, declara, para gran disgusto de todos, que él prefiere a Carolina, la otra hermana.*

5. **Recitativo** El clavicémbalo acompaña la acción. Éste sostiene la declamación entonada por los cantantes. *Para enredar todavía más la situación, la hermana de Geronio, Fidalma, está enamorada de Paolino.*

♦ **Cimarosa** Domenico Cimarosa (1749-1801), arriba en un retrato, es el autor de *El matrimonio secreto* y otros sesenta títulos, entre los cuales hay intermedios, dramas alegres y óperas serias. Nacido cerca de Nápoles, viajó por toda Europa y fue organista de la capilla real en la corte de Nápoles. Entre sus óperas más importantes: *I traci amanti, Le astuzie femminili, Gli Orazi e i Curiazi*, así como el intermedio *Il maestro di cappella*. Su obra maestra es *El matrimonio secreto*, que el libretista Giuseppe Bertati (1735-1815) extrajo de la comedia de George Colman y David Garrick, autores ingleses que se habían inspirado en el ciclo pictórico de *La boda a la moda* de William Hogart. La ópera se representó en el Burgtheater de Viena durante el invierno de 1792 y el estreno tuvo tanto éxito que los intérpretes fueron invitados a hacer un bis después de una comida ofrecida por el emperador Leopoldo II.

6. **Final** El *concertato* prevé la intervención de varias voces y de la orquesta. Éste concluye cada fin de acto. *Carolina y Paolina ya han decidido huir pero, al final, el conde Robinson intercede a su favor y acepta casarse con Elisetta.*

GLUCK Y LA REFORMA

En el siglo XVIII, en París, capital del gran movimiento del pensamiento de la Ilustración, se suceden debates y polémicas sobre el tema de la ópera lírica. A mitad de siglo, con el impulso de los entusiasmos del realismo de la ópera cómica italiana, estalla la *Querelle des bouffons* que pone en cuestión la ópera francesa, anticuada y subvencionada por el Estado. Algunas décadas más tarde, con la llegada del músico alemán Cristoph Willibald Gluck, es el melodrama serio italiano el que es acusado de falta de realismo, de afectación y de un liberalismo demasiado grande con respecto a los cantantes, sus caprichos y las actitudes de las divas.

♦ **CHRISTOPH WILLIBALD GLUCK** (1714-1787) Autor de óperas serias para muchos teatros europeos, siempre fiel a la tradición, Gluck, arriba en un retrato, participa más tarde en la renovación contra las convenciones y los caprichos de los cantantes. Sus óperas: *Orfeo y Eurídice*, *Alceste*, *Ifigenia en Áulide*, expresan los sentimientos gracias al equilibrio entre poesía y música, y reencuentran así la armonía de las tragedias griegas. El manifiesto de Gluck está en el prefacio de *Alceste*, drama escrito en 1767 por Ranieri de Calzabigi (1714-1795). La sinfonía de obertura introduce en la situación escénica. Los cambios de escena se reducen para aportar mayor verisimilitud a la acción, la cual es rápida y sin dispersiones. El coro, como en la antigüedad, asume la función de un personaje. La orquestación no se limita a acompañar el canto, tiene una función expresiva.

♦ **DENIS DIDEROT** (1713-1784) Filósofo y escritor, se ocupó también de las cuestiones estéticas y musicales. Se situó a favor de la ópera italiana.

♦ **MELCHIOR GRIMM** (1723-1807) Intelectual alemán. Desde París hace descubrir a los soberanos de Europa los eventos culturales y civiles franceses con su *Correspondencia literaria, filosófica y crítica* (1753-1768). Defensor de la ópera cómica italiana en los años cincuenta, optará por Gluck en los años setenta.

LA ENCICLOPEDIA
Entre 1751 y 1772 se imprimen los 28 volúmenes del *Diccionario Razonado de las Ciencias, las Artes y los Oficios*, bajo la dirección de Diderot y Alembert.

♦ IFIGENIA
El tema de *Ifigenia en Áulide* está extraído del drama de Eurípides. El drama musical de Gluck fue representado en París en 1779, en clara oposición a otra ópera de Niccolò Piccini que tenía el mismo título. En la foto, una puesta en escena del XLIV Maggio Musicale Florentino en 1981.

♦ JEAN-PHILIPPE RAMEAU
Después de la *tragèdie en musique* de Lully, la ópera se desarrolla en Francia a principios del siglo XVIII con Jean-Philippe Rameau (1683-1764), autor que supera los límites de la tradición con óperas tales como *Hipólito y Aricia* (1733), *Las Indias galantes* (1735) y *Zoroastro* (1749). Sensible al carácter solemne del melodrama, Rameau se vio implicado en las polémicas de los ilustrados que oponían la ópera italiana a la francesa en la célebre *Querelle des bouffons* surgida después del extraordinario éxito obtenido en París por *La serva padrona* de Pergolesi. En su *Carta sobre la música francesa* (1752), Jean-Jacques Rousseau (1712-1778) reivindica la superioridad melódica de la lengua italiana. Arriba, una escena extraída del drama *Dárdano* (1739) de Rameau.

♦ EL TEATRO
Los índices que contiene la *Enciclopedia* son la primera tentativa de proporcionar una ilustración científica que ofrece una divulgación para cada rama del saber.

♦ ALGAROTTI
La obra *Saggio sopra l'opera per musica* (1755) de Francesco Algarotti (1712-1764) anticipa el espíritu de la reforma de Gluck.

Mozart

Wolfgang Amadeus Mozart compuso todos los géneros de ópera lírica, demostrando un extraordinario talento teatral desde su más temprana edad. Pero la contribución de Mozart a la historia del melodrama no se limita a su familiaridad con los diversos lenguajes musicales heredados de la tradición. La genialidad de este músico consiste en el hecho de que él renovó todas las formas dramáticas –ópera seria o ópera bufa– expresando de esta manera los valores de una humanidad conmovedora. Con el *El rapto en el serrallo* Mozart inaugura la ópera nacional alemana y, con *Las bodas de Fígaro,* nos ofrece una exploración emocionante de los sentimientos humanos. Con *Don Juan* escribe la historia de un libertino incorregible, dejándonos una página de atracción inigualable.

♦ **Su vida**
Incluso en lo teatral, Wolfgang Amadeus Mozart (1756-1791) confirmó sus cualidades de niño prodigio. El músico de Salzburgo escribió su primera ópera, *Bastián y Bastiana,* a los doce años y a los dieciocho compuso la ópera seria *Mitrídates, rey de Ponto.* De 1781 a 1791 ofreció sus grandes obras maestras. En 1781, *Idomeneo, rey de Creta,* ópera seria y, en 1782, *El rapto en el serrallo, sinsgspiel* alemán. En 1786, con *Las bodas de Fígaro,* basada en la comedia de Beaumarchais, Mozart empieza su colaboración con Lorenzo Da Ponte (1749-1838) quien escribirá también los libretos del drama alegre *Don Juan* (1787) y de la ópera bufa *Così fan tutte* (1790). Las óperas serias *La clemencia de Tito* y *La flauta mágica* datan de 1791, algunos años antes de la muerte de Mozart. Arriba, el vestido de Papageno en *La flauta mágica.*

Don Juan
La más célebre comedia de Mozart que, en una síntesis de farsa y tragedia, cuenta las acciones de un seductor asesino.

Las bodas de Fígaro
El primero de mayo de 1786, en el Burgtheater de Viena, tiene lugar la primera representación de *Las bodas de Fígaro.* El emperador José II saluda a Mozart y a los cantantes.

♦ **Mozart**
Tras dirigir el estreno de la ópera con el clavicordio, se enfrenta al encuentro con los cortesanos.

♦ **El emperador**
José II (1741-1790) apoyará a Mozart a pesar de que en muchas ocasiones queda perplejo por las novedades y la complejidad de las partituras.

♦ **Los cortesanos**
Los músicos de la corte que rodean y aconsejan al soberano son los dueños del destino de los compositores.

♦ **Da Ponte**
El más grande libretista de finales del siglo XVIII. De 1781 a 1791 vivió en Viena y escribió libretos para Salieri y Martini.

♦ **Antonio Salieri**
(1750-1825)
El músico italiano fue maestro de capilla en la corte de Viena y compone una cuarentena de óperas.

♦ **Constanze Weber**
Es la mujer de Mozart y pertenece a una familia de músicos.

ROSSINI

Durante los primeros años del siglo XIX la escena del teatro musical europeo estuvo dominada por Gioacchino Rossini. Muy sensible al contacto con el público y dotado de una fuerte predisposición por el teatro, Rossini trabaja sin descanso durante la primera parte de su vida: en ocho años –de 1815 a 1823– puso música a veinte óperas. Posteriormente, pasó varios años de ociosidad gozando de la inmensa celebridad y el prestigio conquistados. Su educación, influenciada por los modelos alemanes, le lleva a buscar una orquestación brillante. El resultado fue el «*crescendo* de Rossini»: el ritmo y la intensidad de la música crecen de modo vertiginoso. Sus oberturas captan fuertemente la atención del público.

LOS TRIUNFOS ROMANOS
Al salir del teatro, la multitud delirante y los intérpretes, todavía con los vestidos de escena, van a buscar a Rossini a su casa para llevarlo en marcha triunfante. La ópera bufa *El barbero de Sevilla* obtendrá un éxito enorme, a pesar de la fría acogida que recibió en su estreno en el teatro Argentina de Roma, el 20 de febrero de 1816.

♦ **SU VIDA**
Nacido en Pesaro, en 1792, Gioacchino Rossini (arriba en un retrato) estudió en el liceo musical de Bolonia y debutó con *La cambiale di matrimonio* en 1810 en el teatro San Moise de Venecia. Tras diversas farsas musicales, se afirma con el melodrama serio *Tancredi* y con la ópera bufa *La italiana en Argel*, representada en Venecia en 1813. Continúa en Nápoles, donde el empresario Domenico Barbaja lo invita a escribir melodramas serios para el teatro San Carlo. Se casa con la soprano Isabella Colbran, para quien había creado los papeles de *Elisabetta reina de Inglaterra*, *Armida*, *La mujer del lago* y *Semiramide*, estrenada en Venecia en 1823. Rossini se traslada a París y, en 1829, su *Guillermo Tell* se representa en la Ópera y marca su despedida del teatro. Rico y venerado, se retira a su pueblo de Passy donde muere en 1868.

♦ **ROSSINI**
Con sus óperas, despierta el entusiasmo del público y de escritores como Stendhal, el cual se fascinará por su genio y le dedicará una biografía.

♦ **EL TENOR**
El conde de Almaviva está enamorado de Rosina y, con el nombre falso de Lindoro, se hace pasar por un pobre para asegurarse de la sinceridad de la joven.

♦ **LOS MÚSICOS**
El acompañamiento orquestal tiene un carácter brillante en todas las partituras de Rossini.

♦ **BAJO**
Don Basilio, enemigo de Fígaro, intenta convencer a Don Bartolo para que difame al conde de Almaviva.

♦ **BAJO**
Don Bartolo es el tutor de Rosina. La tiene secuestrada en su casa con la finalidad de casarse con ella y obtener así la dote.

♦ **EL CONTRALTO**
Rosina es la pupila de Don Bartolo. Ella no puede salir, pero conseguirá reunirse con Lindoro.

♦ Guillermo Tell
La última ópera de Rossini fue escrita para la Ópera de París en 1829. Cuenta las aventuras de un héroe nacional suizo, símbolo del deseo romántico por la libertad. Arriba, un grabado de una edición de esta ópera.

♦ Isabella Colbran
Rossini escribió algunas de sus obras maestras para la voz de esta célebre cantante. Ella fue la primera esposa del compositor.

♦ El barítono
Fígaro hace todo lo que puede para favorecer el amor del conde de Almaviva, su antiguo patrón, y de la joven dama.

PÚBLICO Y EMPRESARIOS MUSICALES

A principios del siglo XIX, el melodrama es un género muy popular. La organización de una temporada de ópera moviliza a los compositores, a los cantantes y a otras personas, como los empresarios musicales. Su objetivo principal es poner en el cartel óperas nuevas de compositores de moda, como el joven siciliano Vincenzo Bellini, interpretadas por los cantantes preferidos del público. Entre las divas, Giuditta Pasta es la intérprete excepcional para la gran fuerza de imaginación de las óperas de Bellini.

EL ESTRENO EN LA SCALA
El 26 de diciembre de 1831, la *Norma* de Vincenzo Bellini inaugura la temporada en La Scala. Una multitud de apasionados acoge a la intérprete principal, la cantante Giuditta Pasta.

♦ **LAS TIENDAS**
Los compositores y los cantantes no son los únicos que hay alrededor de los teatros; existen también los fabricantes de laúdes y otros instrumentos de cuerda y los editores de música. Éstos ofrecen los libretos y las reducciones para canto y piano de las óperas; alentando la ejecución privada en casa.

♦ **LOS APASIONADOS**
El público corre al teatro para aplaudir a las grandes divas del *bel canto*. No sólo ofrecen homenajes florales, sino también sonetos y versos en su honor.

♦ **La Scala**
Uno de los templos de la música lírica. Fue un proyecto del arquitecto Giuseppe Piermarini (1734-1808) y se inauguró en 1778. Sobre su escenario se representaron por primera vez las óperas de Rossini, Bellini, Donizetti y Verdi.

♦ **Norma**
Es la obra maestra de Vincenzo Bellini y narra el drama de una sacerdotisa de la Galia que está enamorada en secreto de un general romano. Aquí, boceto para la edición de la temporada 1898-1899.

♦ **Bellini**
El siciliano Vincenzo Bellini (1801-1835) (arriba, en un retrato), después de terminar sus estudios musicales en Nápoles, trabaja para los teatros de Milán y Venecia. Escribió pocas óperas si se lo compara con sus colegas. Su elección le lleva a profundizar su poética inspirada en los ideales del romanticismo, ya presentes en *El pirata* (1827). Autor de *Capuletos y Montescos* y de *La sonámbula*, Bellini encuentra la intérprete ideal de *Norma*, ópera que inaugura la temporada de La Scala en diciembre de 1831; la diva es Giuditta Pasta, la más aclamada del momento. Invitado a escribir un melodrama para el teatro Italiano de París, escoge un tema situado en la Inglaterra en tiempos de las luchas entre los partidistas de Cromwell y los de Stuart, *I puritani*. Bellini muere algunos meses después de triunfar con esta última ópera.

♦ **Giuditta Pasta**
(1797-1865)
Es la primera intérprete de *Norma*. Es una de las grandes divas del *bel canto* y Bellini compuso para ella *La sonámbula*.

♦ **Bellini**
Amado por el público y cortejado por las mujeres, Bellini hizo una breve e intensa carrera entre Italia y Francia.

♦ **Felice Romani**
(1788-1865)
Es el libretista de *Norma*, la preferida de Bellini. También escribe óperas para Rossini y Donizetti.

El Romanticismo

El Romanticismo renueva progresivamente los contenidos de la ópera lírica que se inspira en aventuras novelescas y fantásticas. Un nuevo sentimiento de la naturaleza se afirma y esto se siente incluso en la elección de los temas de los melodramas. Compositores como Bellini y Donizetti muestran las psicologías femeninas atormentadas, a menudo víctimas de situaciones que las llevan a la muerte o a la locura. En Alemania, la ópera suele unirse a la exploración del mundo sobrenatural. Con Beethoven y su *Fidelio*, el drama musical deviene un himno a la libertad que rompe las cadenas de la tiranía.

♦ **Donizetti**
Gaetano Donizetti (arriba, en un retrato) nace en Bergamo en 1797 en el seno de una familia muy pobre. Frecuenta la escuela de música de Giovanni Simone Mayr, el cual le envía a estudiar contrapunto a Bolonia. A partir de 1816 comienza una producción frenética dividida entre los géneros serio y cómico. Pero las obras maestras llegan más tarde con: *Ana Bolena* en 1830 con un libreto de Felipe Romani que triunfa en el teatro Carcano de Milán. Dos años más tarde, *El elixir de amor* se representa siempre en Milán y, la temporada siguiente, *Lucrezia Borgia* en La Scala. Escribe para el San Carlo de Nápoles *Lucía de Lammermoor* (1835). Viaja sin parar entre Francia e Italia y compone su última obra maestra *Don Pasquale*, que es puesta en escena en París en 1843. Cansado por el trabajo y la enfermedad muere en 1848 en su ciudad natal.

La escena de la locura
Es el momento más dramático de *Lucía de Lammermoor* de Gaetano Donizetti. En esta escena la protagonista aparece, a partir de ahora, presa de la locura.

♦ **Lucía**
Ha jurado fidelidad eterna al enemigo de su familia, pero debe casarse con otro hombre, al que apuñalará en señal de extrema desesperación.

♦ **El castillo**
Basada en una célebre novela de éxito de Walter Scott, la ópera de Donizetti se sitúa en Escocia.

♦ **Enrico**
Es el hermano de Lucía y pertenece a la noble familia escocesa de los Ashton.

♦ **Los bosques**
El sentimiento de la naturaleza tiene un papel dominante en la expresión poética del Romanticismo y se encuentra incluso en el melodrama.

♦ **El cementerio**
Historias góticas y sobrenaturales, pobladas de fantasmas, serán la base de numerosas óperas románticas.

♦ **El coro**
Es testimonio y espectador de los sucesos que se desarrollan en el curso del drama.

♦ **La ópera romántica**
En Alemania, el Romanticismo encuentra su expresión sobre todo en su vertiente sinfónica y en la de la música de cámara, pero se afirma también muy rápidamente en el teatro. Tras la experiencia aislada de Ludwig van Beethoven (1770-1827), que escribió su única ópera, *Fidelio* (1805), himno a la libertad y a la fraternidad, estuvieron el *Ondina* del escritor y compositor E. T. A. Hoffmann (1776-1822), y el *Fausto* de Louis Spohr (1784-1859). Pero es con Carl Maria von Weber (1786-1826) que la ópera romántica recibe un nuevo impulso fundamental. La obra maestra de Weber es *El cazador furtivo* (1821), arriba una maqueta, capaz de unir la nueva atención por la naturaleza y un carácter demoníaco inquietante. *L'Euryantha* seguirá, y después, *Oberón*.

El libreto

El texto musicalizado de una ópera lírica se denomina libreto. El término define el contenido de la acción dramática, principalmente escrita en verso, y el volumen dentro del cual se publica, de manera que los espectadores lo puedan leer antes del espectáculo y conozcan mejor la historia que se representa. Hasta finales del siglo XVIII el libreto presenta una sucesión de arias, dúos y «concertato», compuestos respetando las formas métricas más aptas para ser cantadas. Los libretistas extraen sus temas principalmente del repertorio teatral clásico, después del repertorio moderno y contemporáneo, como también de la nueva novela histórica, adaptando los personajes y las historias a las necesidades formales del drama musical y a los gustos del público.

♦ **Los libretistas**
En sus orígenes, los autores de los textos a musicalizar eran poetas y letrados de la corte. Después, los libretitas adquieren una función específica. Pedro Metastasio fue el poeta imperial en la corte de Viena y se consagró a la creación de dramas para la música, a menudo utilizados por diversos compositores. Al contrario, una relación privilegiada se creó entre Da Ponte y Mozart. Felice Romani (1788-1865) y Francesco Maria Piave (1810-1876) fueron fértiles libretistas y colaboraron con Verdi. Luigi Illica fue el libretista de Puccini. Wagner fue el primer músico autor de los textos de sus dramas musicales. En el siglo XX, la utilización de versos en prosa musicalizados por los compositores devino frecuente. Arriba, una obra de Auguste Renoir, *El palco* (1874); óleo sobre tela, Londres, Courtauld Institute.

El teatro
Es un lugar de encuentro para el público que no se limita a asistir al espectáculo, sino que se reúne en los palcos. Así, el público mismo es una de las grandes atracciones de la noche. Hasta el siglo XIX la sala permanecía iluminada incluso durante el espectáculo.

♦ **El palco**
En el siglo XIX, los palcos son a menudo propiedad de familias nobles o gente acomodada que se visitan durante la representación.

Lorenzo Da Ponte
Escritor veneciano (1749-1838), protagonista de una vida aventurera y libertina, colaboró con los músicos más importantes de finales del siglo XVIII y fue el poeta de los teatros imperiales de Viena. La profundización psicológica de los personajes, la rapidez y el ritmo de los versos constituyen sus cualidades más sobresalientes.

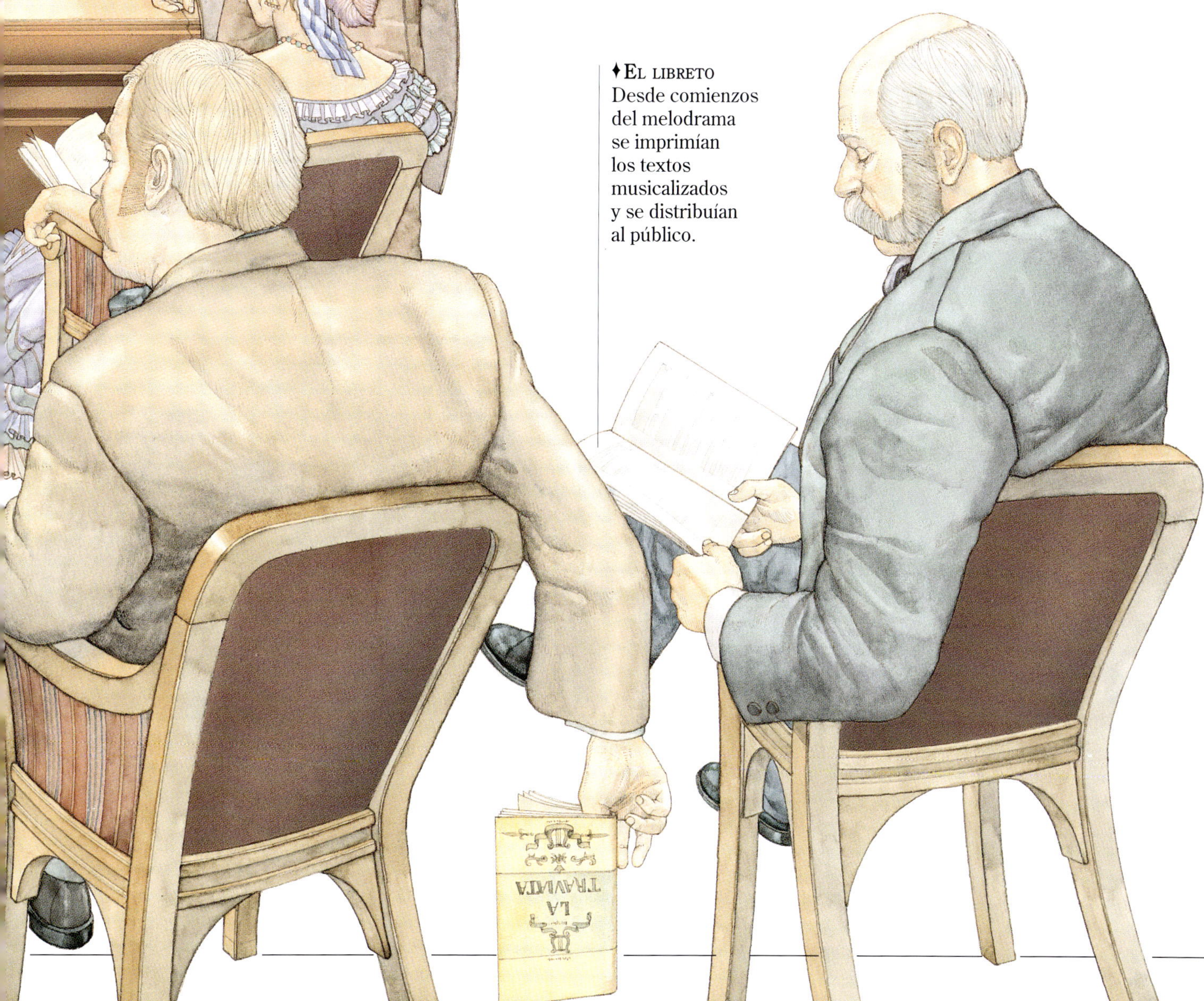

♦ **La traviata**
Fue compuesta en 1853 por Verdi con un libreto de Francesco Maria Piave, inspirado en un drama de Alejandro Dumas hijo, que retrataba la sociedad de la época.

Hugo von Hofmannsthal
(1874-1929)
El poeta austríaco escribió los dramas musicales para Richard Strauss a partir de *El caballero de la rosa* en 1911, obra maestra inspirada en la ópera bufa italiana. La colaboración continuó con la pequeña ópera *Ariadna en Naxos* en 1916 y con la ópera mágica *La mujer sin sombra* en 1919.

♦ **El libreto**
Desde comienzos del melodrama se imprimían los textos musicalizados y se distribuían al público.

LA *GRAND OPÉRA*

Decorados fastuosos, coreografías muy elaboradas, intriga romántica e inspiración histórica son los elementos esenciales del espectáculo lírico tal como aparece en París a finales de la década de 1920. La *grand opéra* es un género que tiene, por su duración, proporciones colosales. Fue cultivada por autores como Gioacchino Rossini, Giuseppe Verdi y Richard Wagner. Pero su más grande representante fue Giacomo Meyerbeer, quien contribuyó a su éxito a su difusión por los escenarios de todo el mundo, partir de la sala de la Académie Royale de Musique de París, ciudad donde había nacido y se había formado como compositor.

♦ **LA SOCIEDAD PARISINA**
Alrededor de la *grand opéra* no está sólo el mundo del teatro, sino una sociedad que hace referencia a París. El tema de estos espectáculos fastuosos lo escoge el dramaturgo Eugène Scribe (1791-1861), libretista de la mayoría de las óperas que compuso el alemán Giacomo Meyerbeer (1791-1864), entre las cuales: *Roberto el diablo, Los hugonotes* y *El profeta*. El canto, la danza y las escenas inspiradas en hechos históricos, como las guerras religiosas del siglo XVII, cohabitan aquí. El francés Daniel Auber (1782-1871) fue uno de los primeros en escribir grandes óperas, como *La muda de Portici*. Las expectativas de que cada nueva producción se reflejaba en la prensa que seguía los nuevos títulos, alimentando así el clima de curiosidad del público. Arriba, la Ópera de París en 1874.

LA ÓPERA
La Académie Royale de Musique, llamada también la Ópera, es el teatro de París que encargó óperas a músicos tales como Rossini, Donizetti y Verdi.

♦ **LOS ESCENÓGRAFOS**
La gran ópera estimula el trabajo de los escenógrafos. Se imponen un mayor sentido realista y un uso frecuente de efectos espectaculares.

♦ **BALZAC**
Honoré de Balzac (1799-1850). Gran escritor realista, autor de la *Comedia humana*. Apasionado de la ópera y admirador de Rossini, dedicó al melodrama algunas novelas y relatos.

♦ **LOUIS VÉRON**
(1798-1867)
Es el poderoso director de ópera entre los años 1831 y 1835.

♦ **EL TENOR DUPREZ**
Gilbert-Louis Duprez (1806-1890) inaugura una nueva época en la historia del melodrama con su estilo de canto.

♦ El do de pecho
Introducido por el tenor Gilbert Duprez (1806-1896) durante el estreno italiano de *Guillermo Tell* de Gioacchino Rossini, en 1831 en Lucca. En esta ocasión cantó con toda la garganta este do muy agudo, que sus colegas hacían en falsete, introduciendo un nuevo estilo de vocalización de frases heroicas y vigorosas. Así nació el mito del tenor romántico moderno. Arriba, vestido de la escena de *Benvenuto Cellini*, una ópera enteramente escrita por Gilbert Duprez. Después de haber interpretado óperas de Rossini y Donizetti, el cantante se traslada a París, donde reemplaza al tenor Adolphe Nourrit (1802-1839), en el corazón del público de la Ópera, interpretando los papeles principales de las óperas de Berlioz y Meyerbeer.

♦ Gautier-Heine
Théophile Gautier (1811-1872), escritor francés, y Heinrich Heine (1797-1856), poeta alemán, siguen con pasión la vida musical y lírica de la capital, realizando numerosos reportajes periodísticos.

♦ Meyerbeer-Scribe
Compositor y libretista contribuyen a afirmar el género de la *grand opéra* de París.

Verdi

♦ Su vida
Giuseppe Verdi, arriba en un retrato, nace en 1813 en Busseto, cerca de Parma. En Milán estudia música en privado. Allí sus comienzos líricos tendrán efectos mitigados hasta su tercera ópera, *Nabucco*. De 1839 a 1853 Verdi compone dieciocho melodramas para los teatros de Milán, Venecia y Roma. Gracias a su gran celebridad más adelante podrá liberarse de la dependencia de los empresarios musicales. Una vez se hubo liberado de esta influencia, fue capaz de escribir con más calma y de reelaborar ciertas óperas escritas anteriormente. Invitado a componer para los escenarios de París y de San Petersburgo, el músico llega, a partir de 1871, a la cúspide de su éxito y aminora ulteriormente su actividad compositora, de la cual su último fruto será la comedia *Falstaff*. Muere en Milán en 1901.

Las óperas de Verdi desencadenan el entusiasmo del público. El compositor italiano deviene el triunfador del teatro musical de la segunda mitad del siglo XIX gracias al canto lírico y apasionado que confiere a sus creaciones. Los coros de sus óperas se trasforman en himnos de revuelta en la Italia del *Risorgimento*. Pero la verdadera revolución la efectúa sobre el escenario y en la música, escogiendo temas, controlando los libretos e incluso los efectos de la puesta en escena. Su dramaturgia musical innovadora tropezará, a menudo, con golpes de censura.

En La Scala
Verdi inaugura en 1839 su carrera lírica con *Oberto conte di San Bonifacio* y la concluye en 1893 con *Falstaff*. Alrededor de 1855, durante una representación de *Nabucco*, el público se expresa con panfletos y emblemas sus sentimientos patrióticos y lanzan sus desafíos contra los invasores austríacos.

♦ Verdi
Nabucco obtiene un gran éxito en La Scala en marzo de 1842. Es la historia de los obreros oprimidos por el sanguinario rey de Babilonia. La Biblia fue la inspiración de este libreto de Temistocle Solera (1815-1878).

♦ Oficiales y soldados austríacos
En los Tiempos de *Nabucco*, la Lombardía forma parte del imperio Hasburgo y la armada austríaca ocupa Milán.

♦ **El público entusiasta**
En Verdi ven al músico símbolo del Risogimento. Escriben en las paredes «Viva Verdi», los patriotas celebran clandestinamente a Vittorio Emanuele, rey de Italia.

♦ **Boito y Verdi**
Músico y poeta de una generación que intenta superar a Verdi, Arrigo Boito (1842-1918) es, antes que nada, su colaborador.

♦ **Las óperas**
El melodrama de Verdi aspira a lo esencial y a la economía de las fuentes expresivas. El músico escoge sus temas y obtiene la participación total del público. Después de *Nabucco* (1842), salen a la luz *Los lombardos en la primera cruzada* (1843), *Ernani* (1844) y *Macbeth* (1847). Siguen otras grandes obras maestras: *Rigoletto* (1851), *Il trovadore* (1853) y, con las novedades de la historia contemporánea, *La traviata* (1853) (arriba un boceto del III acto). En *Un baile de máscaras*(1859) Verdi une el drama y lo cómico. Luego se enfrenta a la *grand opéra* con *Las vísperas sicilianas* (1855) y *Don Carlos* (1867). *Aída* (1871), *Otelo* (1887) y *Falstaff* (1893) pertenecen al último período y las dos últimas son libretos de Boito inspirados en Shakespeare. Fuera del melodrama, escribe la *Misa de Réquiem* (1874).

♦ **«Va Pensiero»**
Es el coro de los esclavos judíos. La Italia del *Risorgimento* encuentra en la música de Verdi un retrato de su propia opresión.

WAGNER

La concepción wagneriana del *Wort-Ton-Drama* (drama con palabras y música) rompe con las formas tradicionales de la ópera en nombre de una homogeneidad superior de los elementos que lo constituyen. Los dramas musicales en los cuales se encarna proponen, a través de una tela armónica de conjunto, un flujo interrumpido de música y acción. Wagner se consideraba poeta, dramaturgo, filósofo y, por supuesto, músico. Cultivaba la idea de un teatro que representara sus experiencia de obra de arte total. Lo que parecía la utopía de un visionario se convierte, en realidad, en Bayreuth, gracias a la contribución de admiradores acomodados y del rey de Baviera Luis II. Las óperas de Wagner se inspiran en temas de la mitología y de la Edad Media alemanas.

♦ **SU VIDA**
Richard Wagner, arriba en un retrato, nace en Leipzig en 1813. Estudia música de forma irregular, pero concibe rápidamente sus primeros proyectos teatrales que se concretizan con *Rienzi*, representada en Dresde en 1842. Se traslada a París, pero no consigue un gran éxito. Escribe *El holandés errante* y *Tannhäuser*. Participa en los movimientos revolucionarios de Dresde en 1848, y se ve forzado a refugiarse en Zurich sin poder asistir a Weimar al estreno de *Lohengrin*, dirigida por Franz Liszt. Se dedica a la crítica musical y escribe su propio manifiesto sobre la estética, *La obra de arte del futuro* (1849), mientras proyecta *El anillo de los nibelungos*, cuya composición será interrumpida para dar vida a *Tristán e Isolda* y a *Los maestros cantores de Nuremberg*. En 1881 escribe *Parsifal*. Muere en Venecia en 1883.

BAYREUTH
En esta pequeña población bávara Wagner realiza su teatro ideal con el arquitecto Brückwald. En este medio unitario y continuo, concebido para que el público sea una comunidad sin dispersar en las diferentes categorías de localidades, es posible, por primera vez, oscurecer completamente la sala y crear una verdadera separación entre los espectadores y el espectáculo.

♦ **EL REY LUIS II**
El soberano es un gran admirador de Wagner. Desde 1864, cuando sube al trono a la edad de dieciocho años, no deja de apoyar al músico, ayudándole incluso a pagar sus deudas.

♦ **WAGNER**
Él mismo escribía los textos de sus dramas musicales y ensayos sobre diferentes temas.

♦ **FRANZ LISZT Y COSIMA LISZT**
El célebre pianista (1811-1886) fue un gran defensor de Wagner. Este último se casará con su hija Cosima (1837-1930), que perpetuará la tradición del festival.

♦ FESTSPIELHAUS
El teatro, inaugurado en 1876, organiza cada verano un festival lírico al cual asisten los apasionados del mundo entero. La sala reproduce la forma en hemiciclo de los teatros antiguos. Los espectadores no pueden ver la orquesta.

♦ *EL ANILLO DE LOS NIBELUNGOS*
Se inspira en un poema épico alemán y cuenta la historia de un mundo a través de la sed de poder absoluto que domina a los dioses y a los héroes, llevándoles así a la catástrofe. El largo proceso creativo de la que puede ser considerada como la más vasta ópera de la historia de la música comienza alrededor de 1848 y no termina hasta 1874. La tetralogía –palabra griega que indica las cuatro óperas de las que está compuesta– comprende un prólogo, *El oro del Rhin,* y tres días, respectivamente: *Las valquirias, Sigfrido* y *El crepúsculo de los dioses.* El ciclo entero prevé dieciocho horas de música y se representó por primera vez durante cuatro noches en Bayreuth, desde el 13 hasta el 17 de agosto de 1876. Arriba, H. Hendrich, *Sigfrido lucha contra el dragón.*

♦ LOS ALBAÑILES
El deseo de Wagner era construir el teatro sobre la colina de Bayreuth con materiales simples: madera y ladrillos.

♦ *PARSIFAL*
Fue representada por primera vez en Bayreuth, en 1882. Por su carácter tan espiritual, Wagner la definió como «una representación escénica sagrada».

El foso

La orquesta es, junto a los cantantes, la protagonista de la ópera: no se limita simplemente a acompañar al canto, sino que también introduce acción escénica, subraya su evolución y evoca el estado de ánimo de los cantantes. Es por eso que los compositores muestran siempre una gran atención hacia los sonidos y las combinaciones instrumentales consentidas por la orquesta. Hasta el siglo XIX el número de músicos de la orquesta era reducido y éstos podían ocupar el espacio situado delante del escenario, a la vista del público. Posteriormente la composición de la orquesta se engrandece hasta el punto de impedir al público ver el escenario. Es Richard Wagner quien hará desaparecer la orquesta en el llamado «abismo místico», es decir, el foso que está a los pies del plató, fuera de la vista de los espectadores. La innovación wagneriana fue adaptada posteriormente por todos los teatros de ópera.

La orquesta
El número de instrumentos cambia según las épocas y aumenta entre el siglo XVIII y el XIX. La orquesta puede alcanzar los sesenta instrumentos y generalmente se tiende a oponer los de cuerda al resto de los instrumentos.

♦ Los instrumentos de viento
La familia de los instrumentos de viento: las flautas, los clarinetes, los oboes, los fagotes y los contrafagotes. En el siglo XVIII su uso en la ópera está a menudo unido a un papel concertado, mientras que en el siglo XIX, gracias a su timbre, contribuyen a definir mejor la atmósfera teatral.

♦ El arpa
Instrumento típicamente romántico, que a menudo se relega a un papel de acompañante de los momentos de mayor intensidad lírica.

♦ Las cuerdas
Son los instrumentos más numerosos en la orquesta y comprenden los primeros y los segundos violines, las violas, los violoncelos y los contrabajos. En la ópera clásica su papel es principalmente el de acompañar a la melodía.

♦ El director de orquesta
Hasta finales del siglo XVIII el director de orquesta es simplemente un director concertado que acompaña la base continua del clavicordio. Su papel moderno se consolida a medida que la partitura musical se hace más compleja.

♦ **La orquesta en la pintura** Edgar Degas, *Orquesta de la ópera* (1868-1869), óleo sobre tela, 53 x 45 cm, París, Louvre, detalle.

♦ **El director de orquesta** El papel de director de orquesta sólo se afirma durante la primera mitad del siglo XIX. Anteriormente, la pequeña agrupación de instrumentos sólo tenían necesidad de un simple guía que correspondía, a menudo, al clavicordio o al primer violín. Su función era dar la medida e indicar los ataques de las partes de la ópera. Con una mayor complejidad de las partituras y un agrandamiento del conjunto de la orquesta, se impone el papel autónomo de director de orquesta como responsable de la ejecución. La batuta se introdujo, en el siglo XIX, para que las indicaciones fueran más claras. Más tarde, el director de orquesta se convierte en un verdadero intérprete de la obra musical, en la medida en que ofrece una versión personal de la música que dirige. Arriba, Gustav Mahler (1860-1911), compositor y director de orquesta.

♦ **Los metales** Las trompetas, los trombones, las trompas y las tubas comienzan a prevalecer en la orquesta romántica. Deben su nombre al material que los compone. Un tipo particular de tuba fue expresamente introducido por Wagner en la tetralogía.

♦ **Las percusiones** Los timbales y los címbalos se usan generalmente poco en las orquestas hasta la primera mitad del siglo XIX.

La escuela rusa

En el siglo XIX el despertar de sentimientos patrióticos y el redescubrimiento de las raíces populares de la cultura nacional se ponen de manifiesto incluso en la ópera lírica, provocando el final del lenguaje europeo que, a lo largo de todo el siglo XVIII, había coincidido con el modelo italiano. La nueva exigencia de identidad hace nacer en el teatro musical diversas escuelas nacionales. En Rusia, las creaciones del compositor Mikhail Glinka son el prototipo del nuevo modelo de ópera que se afirma. Su estilo es una fusión entre la cultura internacional y el patrimonio musical del pueblo ruso. Pero es Mussorgski quien, con sus obras maestras, dará su verdadera autonomía a la ópera rusa, inspirándose en las páginas más dramáticas de la historia nacional.

♦ **Mussorgski**
Originario de una familia de terratenientes, Modest Mussorgski (arriba en un retrato), emprende la carrera militar y profundiza en sus estudios musicales. Vive en San Petersburgo desde 1863 y frecuenta a apasionados del arte y de la filosofía, mientras estudia música de forma autodidacta. Planea una ópera extraída de la novela histórica *Salambó* de Gustave Flaubert (1821-1880). Pero su salud empeora a causa de una enfermedad y del alcoholismo. En 1871, el teatro Marinski de San Petersburgo rechaza su *Boris Godunov*, extraído de la novela histórica de Pushkin. Tres años más tarde, una segunda versión de esta ópera obtendrá un gran éxito. Mussorgski muere en 1881 sin asistir a la representación de *Kovanchina*, su última ópera inacabada, inspirada en una historia rusa al igual que *Boris*.

La coronación
El 1 de octubre de 1598, la procesión solemne que acompaña al nuevo zar, Boris Godunov, pasa por la plaza del Kremlin en Moscú. Mussorgski seguirá fielmente la reconstrucción de los sucesos hecha por Alexsandr Pushkin (1799-1837) en su drama histórico.

♦ **El zar Boris**
(1546-1605)
No duda en emplear todos sus medios para acceder al trono ruso, vacante a finales del siglo XVI.

♦ ***Evgeni Onegin***
Las escenas líricas que Piotr Illich Tchaikovski ha extraído de la novela en verso de Alexsandr Pushkin, presentan aspectos de la vida rusa de la primera mitad del siglo XIX. Al lado, puesta en escena en La Scala en 1973.

♦ **La ópera rusa**
Debuta con *La vida para el zar* y *Rouslan y Lioudmila* de Mikhail Glinka (1804-1857). Después vendrán Aleksandr Dargomyzski (1813-1869) con *El comensal de piedra,* inspirada en el drama de Pushkin, y Aleksandr Borodin (1833-1887) con una sola ópera, *El príncipe Igor*. La contribución de Piotr Illich Tchaikovski (1840-1893), autor de sinfonías, ballets, música de cámara y obras maestras revelan a un artista de sensibilidad europea. Extrae de los dramas de Pushkin los temas de *Evgeni Onegin* y de *La dama de picas*, para la cual es fundamental. En el siglo XX, la ópera rusa evoluciona: Sergei Prokofiev (1891-1953) (arriba, su retrato) después de abandonar la Unión Soviética, escribe *El ángel de fuego* y *El amor de las tres naranjas*. Dimitri Shostakovich (1906-1975) compone la ópera cómica *La nariz*, y el drama *Lady Macbeth del distrito de Msensk*.

♦ **La catedral**
Da a la plaza central de Moscú. Las campanas suenan para la fiesta.

♦ **Los boyardos**
Son los nobles rusos que forman el consejo del zar. Iván el Terrible trató de reducir su poder.

♦ **Los sacerdotes**
El patriarca Iov es un hombre muy devoto de Boris y facilita su acceso al trono.

Puccini y el verismo

El éxito internacional de Giacomo Puccini, entre los siglos XIX y XX, marca una nueva época para el melodrama. El músico italiano sabe unir la espontaneidad de la melodía italiana y una escritura orquestal sensible a los movimientos musicales modernos, ricos en timbres y armonías sutiles. Busca nuevas ambientaciones insólitas para sus óperas, las cuales se imponen entre el gran público gracias al encadenamiento de los sucesos en un *crescendo* de intensidad emotiva. El éxito de Puccini alienta a otros músicos italianos que, inspirados en el verismo literario, llevan a escena el mundo campesino y crean un nuevo estilo de canto.

♦ **Su vida**
Giacomo Puccini (1858-1924) (arriba en un retrato) es el protagonista de la última gran época del melodrama italiano. Nacido en Lucca en el seno de una familia de músicos, obtiene su primer gran éxito con *Manon Lescaut,* representado en el teatro Regio de Turín (1893), donde tres años más tarde Arturo Toscanini dirigirá el estreno absoluto de *La bohème.* La sensibilidad teatral de Puccini no tiene parangón y es infatigable en la búsqueda de nuevos temas y reconstrucciones insólitas. Después de *Tosca* (1900), su interés se traslada a Japón, con *Madama Butterfly,* y a la frontera americana con *La fanciulla del West.* El intento de acercamiento al Tríptico compuesto de actos únicos (*Il tabarro, Suor Angelica y Gianni Schicchi*) es experimental. La última ópera de Puccini, *Turandot,* queda inacabada y se inspira en una fábula de Carlo Gozzi situada en Pekín.

Nueva York
Puccini llega a Estados Unidos: el teatro más importante, el Metropolitan de Nueva York, le encargó una ópera en 1910.

♦ **Tosca**
La acción se sitúa en tres lugares de la Roma de principios del XIX para explicar una historia de pasión y muerte.

♦ **Puccini**
Para *La fanciulla del West* escoge una reconstrucción insólita: California en la época de la fiebre del oro. Una intuición que anticipa la epopeya del western cinematográfico.

♦ **El libretista**
Puccini es muy exigente. Interviene continuamente en el trabajo de sus colaboradores.

♦ **Los emigrantes** A principios del siglo XX, la precaria situación económica empuja a los italianos a afrontar el largo viaje hacia Estados Unidos.

♦ **Arturo Toscanini** Célebre director de orquesta (1867-1957), introduce a Wagner en Italia y trabaja durante largo tiempo en Estados Unidos. Dirige la nueva ópera de Puccini en el Metropolitan de Nueva York. En 1926 dirige en La Scala el estreno absoluto de la inacabada *Turandot*.

♦ **Enrico Caruso** (1873-1921) Originario de Nápoles, este tenor es el intérprete ideal de las óperas de estilo verista y de las de Puccini. Es el pionero de la música grabada.

♦ **Los periódicos** La fama de Puccini es internacional. La prensa sigue con gran atención las diversas etapas de su carrera.

♦ **La caballería rusticana** Esta ópera de Pietro Mascagni (1863-1945) se sitúa entre los campesinos de una pequeña población de Sicilia. Es la obra maestra de la escuela verista del melodrama.

♦ **La ópera de Francia**
La obra maestra del teatro musical francés del siglo XIX es *Carmen* de Georges Bizet (1838-1875), ópera cómica según un libreto de Henri Meilhac y Ludovic Halevy que se inspiraron en un relato de Prosper Mérimée ambientado en España entre los toreros y las cigarreras. Entre los otros compositores destacan Charles Gounod (1818-1893) que se inspira en Goethe para su *Fausto* y en Shakespeare para su *Romeo y Julieta.* Paralelamente a la ópera cómica, la opereta se difunde en Francia gracias a la rica producción de Jacques Offenbach (1819-1880), autor de *Orfeo en los infiernos, La bella Elena, La vida parísina,* y de una ópera cómica, *Los cuentos de Hoffmann.* Arriba, una acuarela de Mérimée de 1846, que representa una escena de *Carmen.*

París a principios del siglo XX

Ninguna carrera artística puede completarse sin un éxito en París. En los siglos XIX y XX la capital francesa ofrece una gran variedad de espectáculos. Además del repertorio lírico, constantemente repuesto, las tendencias artísticas y literarias influyen en la nueva generación de músicos. La pintura impresionista, a partir de entonces aclamada, y la poesía simbólica influencian a Claude Debussy. Estos músicos observan con curiosidad las nuevas conquistas de la pintura y de la danza, en la búsqueda de nuevas posibilidades formales y libertades expresivas.

París
La capital francesa cuenta con numerosos teatros donde se representan un buen número de las novedades más interesantes. En la calle, los paseantes pueden ver los carteles expuestos en las columnas anunciando los títulos del repertorio.

♦ **Claude Debussy**
(1862-1918)
Pelléas et Mélisande se propone como alternativa al modelo de teatro musical wagneriano. La ópera se puso en escena en 1902.

♦ **Maurice Maeterlinck**
El autor belga (1862-1949) fascina profundamente a Debussy, quien se inspira en *Pelléas et Mélisande* para componer su única ópera acabada.

♦ **Maurice Ravel**
(1875-1937)
Es el autor de dos óperas en un acto. En *El niño y los sortilegios* hace cantar a los juguetes y a los objetos que están en la habitación del niño.

♦ **El pájaro de fuego**
Es la primera composición de Stravinski para los ballets rusos. Se representa en 1910 y obtiene un gran éxito.

♦ **Carmen**
Fue representada por primera vez en París en 1875 y se volvió rápidamente la ópera francesa más popular.

♦ **La vida parisina**
La opereta de Jacques Offenbach (1819-1880) lleva al escenario los vicios y las costumbres de la capital francesa en 1866.

♦ ***Pelléas et Mélisande***
La fidelidad a la prosa del texto de Maeterlinck obligó a Debussy a crear una nueva forma de declamación lírica para los personajes de *Pelléas et Mélisande*.

♦ **Los ballets rusos**
La compañía de Sergei Diaghilev (1872-1929), empresario y director artístico original, marca un giro en el teatro del primer cuarto de siglo. A partir de 1909 trabaja en París y tiene a bailarines como Vaslav Nijnski (1889-1950), a compositores como Igor Stravinski (1882-1971) y a Debussy. Pintores de vanguardia, como Picasso y Matisse, participan en la realización de decorados. Éstos profundizan en las orientaciones tomadas por los impresionistas y por Cézanne. Los ballets rusos proponen una concepción sinfónica de la coreografía, íntimamente unida a la música, y contribuyen a instaurar una relación privilegiada entre música y danza, que alejará a muchos compositores del interés por el drama musical cantado. Arriba, diseño de Léon Bakst para el vestuario de *Narciso*, 1911.

♦ Los vanguardistas
Arnold Schönberg (1874-1951) (arriba) elabora a principios del siglo XX el método de composición dodecafónica: con doce notas cuya única relación entre ellas es la basada en «la emancipación de la disonancia». La potencialidad expresiva se engrandece con el *sprechgesang*, canto hablado utilizado por Schönberg en el *Pierrot lunaire* y en su ópera inacabada *Moses und Aron*. Alban Berg (1885-1935) empleó los descubrimientos de la dodecafonía en sus obras maestras: *Wozzeck*, inspirada en el drama de Georg Büchner, y en la sensual *Lulu*. *La carrera de un libertino* de Igor Stravinski, en 1951, parece una reacción a esta atmósfera. Se recuperan las formas cerradas del siglo XVIII y se hacen revivir los mitos de Fausto y Don Juan. El ecléctico compositor ruso se interesó también por la dodecafonía.

El siglo XX

En el siglo XX la música descubre nuevos horizontes gracias a las investigaciones sobre la armonía de Arnold Schönberg. Él llegó a una nueva teoría de la música basada en la exploración de todas las combinaciones posibles entre los sonidos. Mientras, en muchos casos, el teatro musical pierde su carácter de espectáculo popular y deviene un terreno de investigación más complejo, alejado de la comprensión inmediata, hay también quienes, como Richard Strauss, aun conociendo las novedades, recorre otros caminos renovando los antiguos éxitos de la ópera musical.

Una partida de tenis
A ambos lados de una pista de tenis, Arnold Schönberg y George Gershwin, el rey de la comedia musical. Éstos se envidian recíprocamente el método de composición y el éxito comercial. El encuentro tuvo lugar en los años treinta en Beverly Hills, en Estados Unidos, donde se habían refugiado muchos artistas y pensadores perseguidos por el régimen nazi.

♦ Thomas Mann (1872-1955) Escritor alemán, autor en 1947 del *Doctor Fausto* se inspira en Schönberg y las ideas de Adorno.

♦ Theodor W. Adorno Filósofo (1903-1969). Es alumno de Schönberg y se revelará como el teórico más radical de la nueva música.

♦ Schönberg Trabaja en Viena, Berlín y París. A partir de 1934 enseña en Estados Unidos, en la Universidad de Los Ángeles.

♦ **Kurt Weil**
(1900-1950)
Músico alemán, recupera el antiguo género teatral del *singspiel* y colabora con Brecht en la *Opéra de cuatro cuartos* en 1928.

♦ **El musical**
Es una adaptación de la ópera europea a las costumbres y gustos americanos. Es un género que interesó a compositores como Leonard Bernstein (1918-1990), autor en 1957 de una versión moderna de *Romeo y Julieta*, *West Side Story*.

♦ **Richard Strauss**
(1864-1949)
Célebre director de orquesta y autor de poemas sinfónicos. Más tarde, empieza a escribir para el teatro. En *Salomé* (1905), según el drama de Oscar Wilde y en *Electra*, según el texto de Hugo von Hofmannsthal, pone los recursos del lenguaje musical a las puertas del impresionismo. Su colaboración con Von Hofmannsthal le llevará a mirar a un siglo XVIII vienés soñado e inmortalizado en *El caballero de la rosa*, comedia melancólica con vestuario de la época. Con *Ariadna en Naxos*, poeta y músico intentan la experiencia de reunir a los personajes de la ópera seria y la ópera cómica, mientras que *La mujer sin sombra* es una fábula con mil símbolos. En *Capricho*, «una conversación con música», el anciano autor vuelvc a proponer la cuestión de la supremacía, en la ópera, de la música o las palabras.

♦ **George Gershwin**
Compositor americano de origen ruso (1898-1937). Autor de músicas para películas y comedias. Su melodrama al estilo del siglo XIX *Porgy and Bess*, en 1935, engloba elementos del *blues*.

♦ **Sergei Rachmaninov**
(1873-1943)
De origen ruso. Gran virtuoso del piano, para el cual compuso páginas que, todavía hoy, son muy populares.

Cómo nace una ópera

Antaño, las nuevas composiciones de autores de moda eran la atracción de las temporadas líricas. Ahora, la atracción principal son las escenificaciones originales de composiciones famosas. La nueva edición requiere un trabajo complejo que engloba cantantes, músicos y técnicos. En primer lugar, el director de escena, el escenógrafo y el diseñador de vestuario presentan un proyecto a la dirección artística del teatro, que ya ha escogido a los intérpretes. A continuación, los trabajadores del teatro realizan los decorados y el vestuario. Después, los cantantes, los músicos y el coro empiezan los ensayos que deben garantizar el éxito del acontecimiento musical y teatral, concebido por el director de escena y el director de orquesta.

El teatro

La puesta en escena de una ópera lírica en un gran teatro como La Scala de Milán es el fruto de un trabajo complejo que abarca a centenares de personas y supone la inversión de grandes capitales. La preparación se divide en muchas fases concernientes a las diversas partes del teatro. Del proyecto a la primera representación pueden transcurrir incluso dos años.

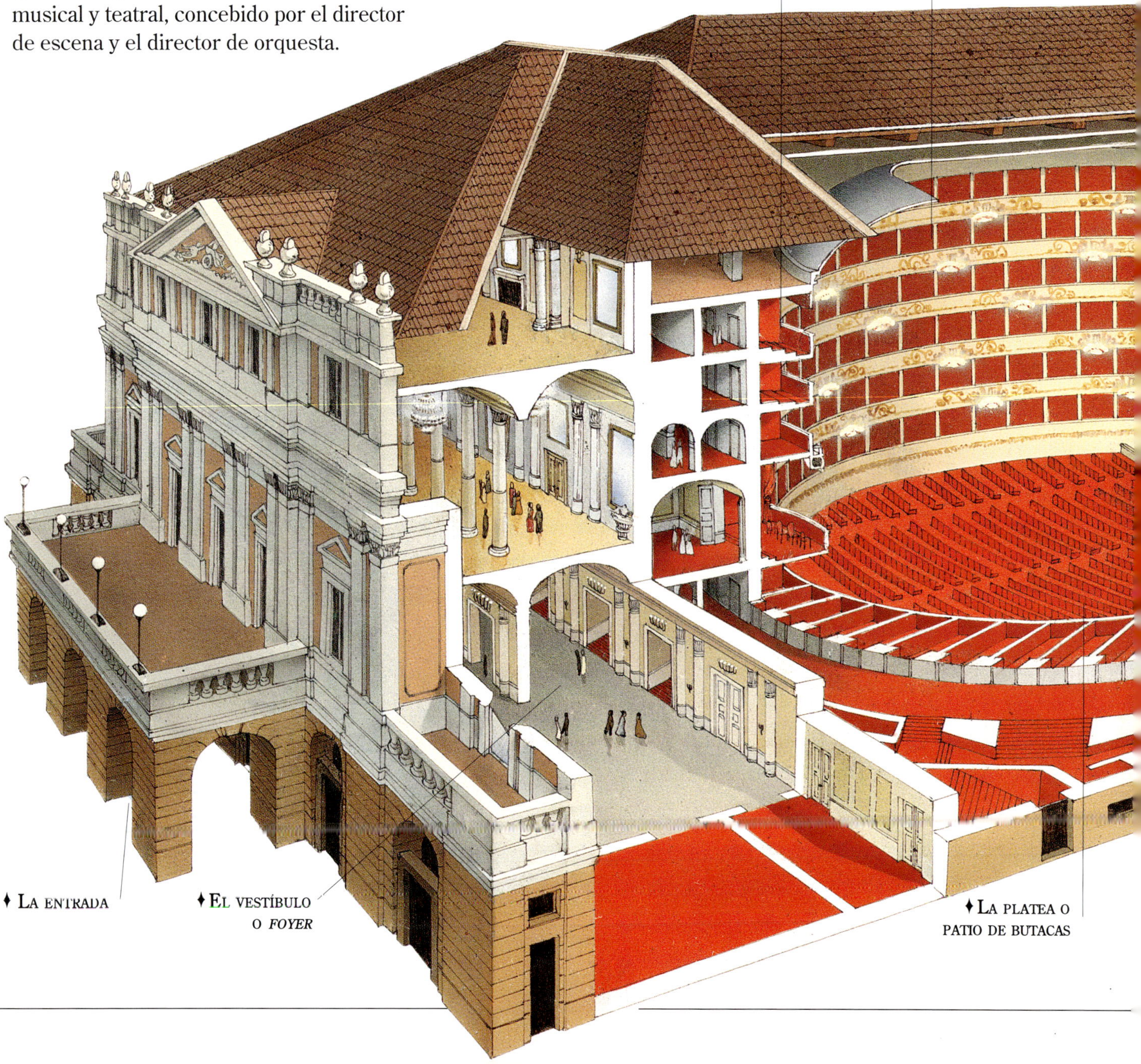

El proyecto
La dirección del teatro define la elección de los intérpretes, los cuales, aparte de los cantantes, incluyen al director de orquesta y al director de escena. Este último se pone de acuerdo con el decorador y el sastre y presenta el proyecto de puesta en escena.

La producción
Del proyecto se pasa a una verificación cuidadosa del tiempo y los medios necesarios para la realización de los decorados y el vestuario. Se establece el calendario de los ensayos musicales y de la puesta en escena.

Ensayos de la escenografía
El director de escena expone su idea de la interpretación del espectáculo y repite con los cantantes las diversas secuencias de la ópera.

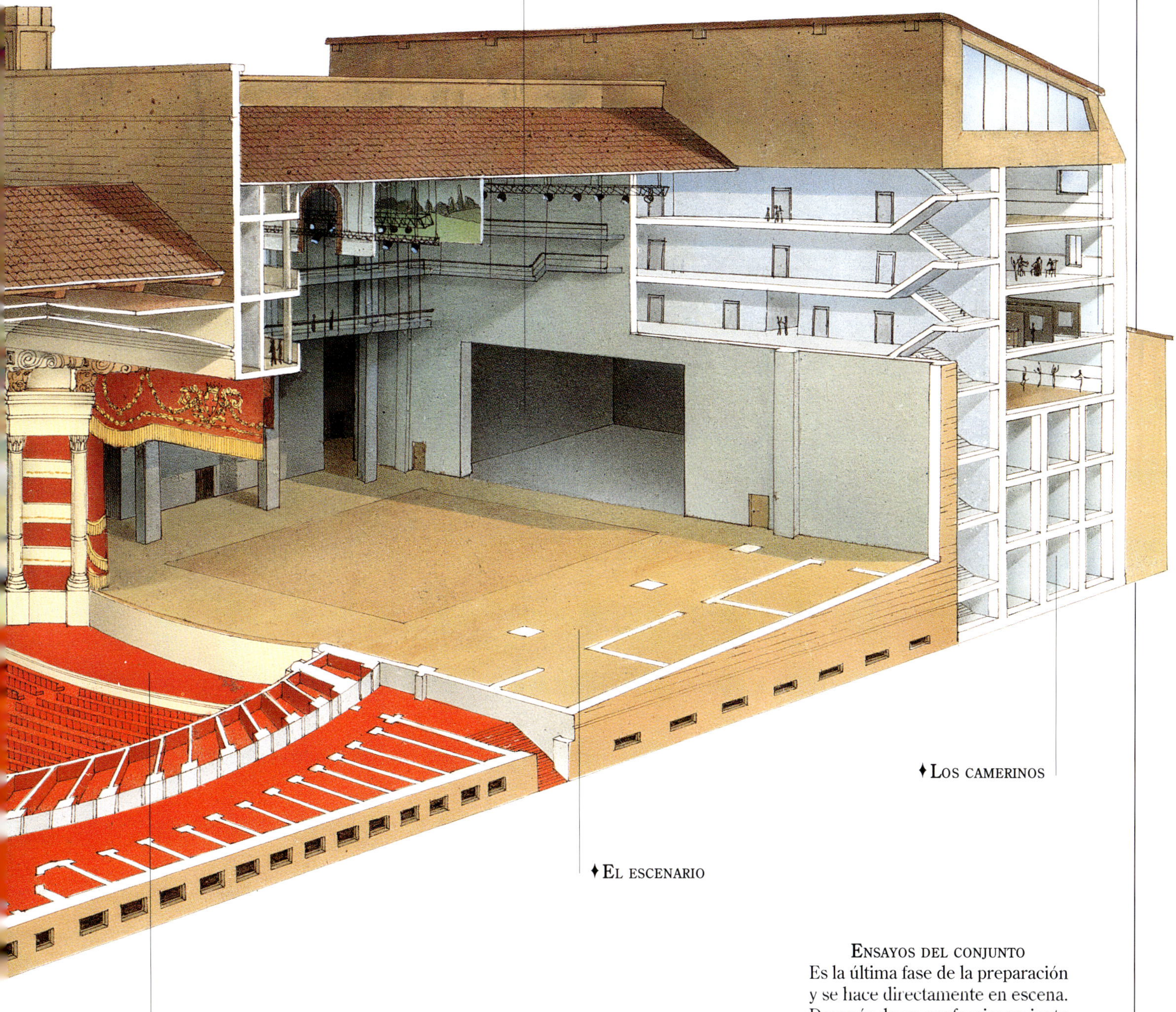

Ensayos del conjunto
Es la última fase de la preparación y se hace directamente en escena. Después de un perfeccionamiento progresivo de la puesta en escena se llega al ensayo general, previsto para la víspera del estreno de la representación.

Ensayos musicales
El director de orquesta sigue y pone a punto la preparación musical de cantantes y músicos.

Los decorados

Los decorados determinan el medio en el cual transcurrirá la acción teatral. Es por esta razón que el escenógrafo colabora estrechamente con el director de escena y los diseñadores de vestuario. Antes, los decorados se realizaban pintando grandes telas con ilusiones de perspectivas. Los gustos modernos han impuesto la utilización de decorados tridimensionales con el fin de obtener un mayor efecto realista. Los intercambios con el mundo de las artes plásticas siempre han influido en el trabajo del decorado, que, en la actualidad, saca un gran provecho de la utilización de luces y nuevas tecnologías digitales.

♦La maqueta
Reproduce a escala el decorado que aparecerá en escena y sirve de referencia para la realización en los laboratorios del teatro.

El laboratorio
Salas especiales se reservan en el interior y en el exterior del teatro para la realización de los decorados de la ópera. En este caso, la puesta en escena de una edición de *Aida* de Verdi.

♦El director de escena
A través de los decorados él puede proponer al espectador su propia interpretación de la ópera.

♦El escenógrafo
Normalmente es el director de escena quien lo escoge personalmente. Pone a disposición su experiencia, la cual generalmente proviene de la arquitectura o las artes plásticas.

♦ De Chirico
La contribución de grandes pintores en los decorados de la ópera lírica es importante. Arriba, el boceto de Giorgio de Chirico para *I puritani* de Bellini.

♦ El director del montaje escénico
Es el responsable de la realización material de todos los decorados.

♦ La Historia
El decorado también nace en Florencia con las máquinas inventadas por Bernardo Buontalenti, a finales del siglo XVI. Otro italiano, Giacomo Torelli, inventa en el siglo XVII, el escenario del ilusionismo con un eje central. Gracias a la obra de la familia Bibiena, el escenógrafo se une, en el siguiente siglo, a la ideación de salas de teatro. En nuestro siglo, la introducción de la luz eléctrica y elementos elevadores sobre el escenario, llevan a las experiencia del suizo Adolphe Appia. Artistas como Pablo Picasso, Giorgio de Chirico y David Hockney forman parte de la historia de los decorados de teatro. Durante los últimos años la influencia de vanguardistas se hace sentir con el americano Robert Wilson, el ruso David Borovski, el polonés Joseph Svoboda y el italiano Gae Aulenti. Arriba, un boceto de Buontalenti.

♦ El telón de fondo
Es uno de los elementos del decorado y puede cambiar de color según las luces que se utilicen en el transcurso del espectáculo.

♦ Los pintores
Realizan las instrucciones del decorador en lo que concierne a colores y dibujos para los telones de fondo y las construcciones.

♦ Un boceto de escena
El autor es el pintor austríaco Oscar Kokoschka (1886-1980) para el *Un baile de máscaras* de Giuseppe Verdi.

El vestuario

El vestuario, como el decorado, el clima y la atmósfera de una puesta en escena de ópera, define también la época y el carácter de los personajes. Antes, los cantantes tenían sus vestidos y los podían reutilizar en muchos contextos. El teatro musical de hoy en día implica que cada elemento del espectáculo esté bien definido y que forme parte de una interpretación global de la ópera musical. De ahí la exigencia de que el trabajo del diseñador de vestuario esté en armonía con el del director de escena, quien se reserva el derecho, de acuerdo con el escenógrafo, de escoger los vestidos para los diferentes personajes a partir de modelos. Actualmente, las grandes producciones se dirigen muy a menudo a estilistas de moda cuyo sello representa una última atracción para el público.

♦ Un vestido
Vestido diseñado por el escultor Giacomo Manzù para el *Tristán e Isolda* de Wagner, realizado en el célebre taller de costura de Umberto Tirelli, quien emplea a los mejores modistos contemporáneos.

♦ El diseñador de vestuario
Debe tener en cuenta los efectos de la luz para escoger las telas. Un cantante puede llevar más de un vestido en el transcurso de una ópera.

♦ La costurera
El vestido se realiza a partir de un diseño y muy a menudo está mucho más caracterizado que un vestido normal.

♦ La utillería
El conjunto de accesorios y objetos suelen dar el toque final a la presentación en escena de un personaje.

♦ **Un boceto**
Boceto de la princesa Turandot realizado por Umberto Brunelleschi para la puesta en escena de la ópera de Puccini del VI Maggio Musicale Florentino.

En el teatro
En los palcos o en la sala de maquillaje los cantantes y los coristas se preparan para entrar en escena. La puesta en escena de la nueva edición de *Aida* está ya en un estado muy avanzado.

♦ **La peluca**
Completa el maquillaje de la intérprete y sirve para definir mejor la personalidad y la condición del personaje.

♦ **El maquillador**
Antes de cada espectáculo prepara con bastante antelación a los artistas que deberán aparecer en escena.

El ensayo general

En el mundo de la ópera lírica, como en el teatro, el papel del director de escena es relativamente reciente. Éste se impone a comienzos del siglo XX cuando se afirma la necesidad de una persona que dirija la realización del decorado escénico, tarea que se vuelve muy compleja. Al principio, el director tenía la función de coordinar los diversos elementos de la ópera, pero, actualmente, tiene un gran papel creativo. Todas las nuevas ediciones de una ópera corresponden pues a una interpretación original. Es, en efecto, el director quien debe concebir el espectáculo definiendo el decorado, el vestuario y el estilo de la puesta en escena. A menudo, sin embargo, sus exigencias expresivas chocan con las de la producción, condicionadas por el tiempo y los costes.

♦ Dos directores
Max Reinhardt (1873-1943), artista alemán, muy comprometido también con el teatro en prosa, contribuye a definir el papel y las funciones del director moderno. El italiano Luca Ronconi (1933) es uno de los representantes más interesantes del panorama teatral europeo.

Los ensayos
Durante varias semanas los intérpretes de una ópera lírica trabajan con el coro y los músicos, bajo las órdenes del director de escena y el director de orquesta.

♦ El proscenio
Es el lugar del escenario más cercano al público.

♦ El director y su asistente
Las órdenes del director son anotadas por su asistente, que así puede controlarlas en todo momento.

♦ **Los reflectores** Actualmente las luces se activan gracias a un programa informático.

♦ **El coro** Ensaya una escena de conjunto de *Aida* de Giuseppe Verdi.

♦ **La concha del apuntador** Escondido al público, el apuntador interviene en caso de necesidad para recordar su papel a los cantantes.

♦ **Luchino Visconti** (1906-1976) Fue uno de los primeros que trajo a la ópera el realismo del teatro de prosa y que devolvió la dignidad al decorado escénico. Reveló su amor por la música en diversas películas, comenzando por *Senso* (1954). También manifestó su talento de director gracias a una serie de espectáculos realizados con la soprano María Callas (1923-1977). Su puesta en escena de *La traviata* en La Scala en 1955 fue memorable. Visconti también llevó a escena *La sonámbula* de Bellini, *Ana Bolena* de Donizetti, siempre con María Callas, así como otros melodramas italianos del siglo XIX. Muchos directores han seguido sus lecciones, como su asistente Franco Zeffirelli, quien realizó, entre otras, dos películas-óperas de Verdi: *La traviata* y *Otelo*, siguiendo el ejemplo de Joseph Losey, que llevó a la gran pantalla *Don Juan.*

La ópera hoy

La disolución de los lenguajes tradicionales ha llevado a un cambio radical del significado y la función del teatro musical. Ciertos compositores han llegado incluso a renegar de él completamente como si fuera una forma pasada, hoy en día inaceptable. Pero es precisamente porque se trata de una forma heredada de la tradición que otros músicos han intentado arriesgarse de nuevo en las posibilidades expresivas que ofrece, llegando así a revitalizarla. Cada vez más problemática, la ópera lírica nace hace cuatro siglos del encuentro entre la música y la palabra, y reaparece ahora bajo nuevas formas estimulantes.

La tragedia de la escucha
Así definen los autores a *Prometeo* del compositor veneciano Luigi Nono (1925-1990). El sonido llega por todas partes en un espacio enteramente reinventado. El público no asiste simplemente; está implicado en el acontecimiento musical.

♦**Los músicos**
En *Prometeo* están situados alrededor del público y se desplazan en el transcurso del espectáculo ofreciendo siempre nuevas fuentes sonoras.

♦**El arco musical**
Se trata de una enorme caja de resonancia proyectada por Renzo Piano. Permite aislar un espacio acústico en el interior de un edificio, como por ejemplo, una iglesia o una fábrica.

♦**El público**
Los espectadores se sitúan en el centro del espacio y están rodeados por la música.

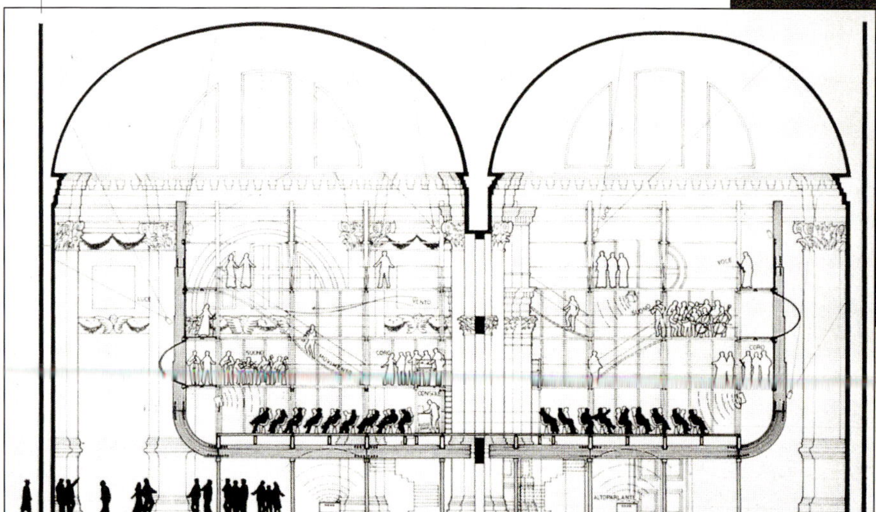

♦ Los medios electrónicos
Se usan en tiempo real para desintegrar el sonido en sus componentes y modificarlo constantemente de manera casi imperceptible.

La iglesia
La primera representación de *Prometeo* tuvo lugar en 1984 en la iglesia de San Lorenzo, en Venecia. Una segunda edición se representó en Milán, un año después, en una nave del Ansaldo.

♦ Las estructuras
Son de madera. Crean un gran arco en el interior del espacio de la iglesia.

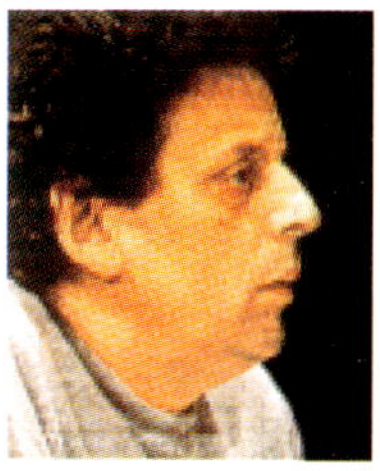

♦ Nuevas fronteras
El panorama es muy variado en lo que se refiere al teatro musical después de la guerra. La introducción de la electrónica ha traído una nueva contribución al pensamiento musical y el alemán Karl Heinz Stockausen (1928) la emplea para realizar una ópera de una dimensión gigantesca. *Luz*, dividida en siete días, aún hoy permanece inacabada. El acercamiento de Hans Werner Henze (1926) es aparentemente más tradicional. Se inspira en los dramas de Kleist y en el teatro antiguo. El americano Philip Glass (1937) (arriba) ha colaborado con el director de vanguardia Bob Wilson (1941) para su espectáculo revolucionario *Einstein on the beach. La vera storia* y *Un re in ascolto* del italiano Luciano Berio (1925) replantean la tradición musical en una forma de teatro no convencional.

Breve historia de la ópera

El nacimiento del melodrama

Una mezcla original de música, cantos y diálogos da lugar al melodrama, cuyo nacimiento se sitúa en Florencia en los medio artísticos y aristocráticos que desean ver revivir la tragedia antigua. Su sueño se hace realidad con la rehabilitación del canto a una sola voz, llamado monódico, en oposición con el que acompañaba la música polifónica y que impedía una verdadera representación escénica. Aunque hubieron experiencias precedentes, podemos decir que la primera ópera que ha llegado íntegramente a nuestros días fue *Eurídice* de Ottavio Rinuccini (1563-1621). Fue representada en el Palacio Pitti en 1600 para las nupcias reales de María de Médicis y Enrique IV de Francia (➛6/7). Este acontecimiento fue el primero de una serie de espectáculos análogos, que consagraron la afirmación del estilo recitativo («recitar cantando»). La primera gran obra maestra de este nuevo género es *Orfeo*, fábula musical de Alessandro Striggio y de Claudio Monteverdi (1567-1643) (➛8), representada en 1607 en la corte de los Gonzaga en Mantua. Ese año el compositor propone también una *Ariadna,* en la cual Virginia Ramponi Andreini (1583-1628) es la primera intérprete. Pero en los inicios de la ópera lírica son los mismos compositores quienes muy a menudo toman el papel de intérpretes; Jacopo Peri fue un tenor estimado y Giulio Caccini (aprox. 1550-1618), autor de una *Eurídice*, fabricaba instrumentos de cuerda y era cantante.

El siglo XVII

Monteverdi es el gran protagonista de la nueva etapa que atraviesa la ópera después de la apertura del primer teatro público en Venecia, en 1637(➛8/9). La sala de San Cassiano propone espectáculos que no se dirigen a un público de cortesanos, sino de espectadores que pagan. La ópera abandona los temas arcaicos de los inicios para integrar elementos populares, mezclando situaciones trágicas con situaciones aparentemente cómicas. La época de la ópera veneciana da sus frutos gracias a dos obras maestras de Monteverdi, *El regreso de Ulises* y *La coronación de Popea* (1643) y gracias, también, a la rica producción de los alumnos del maestro Crémone. Entre ellos señalaremos a Francesco Cavalli (1602-1676), autor de treinta y nueve óperas, de las cuales todavía poseemos veintiséis partituras manuscritas. Arias y cancioncillas se alternan en el *Egisto* (1643), *Ormindo* (1644), *Giasone* (1649), *Xerse* (1655) y la *Ercole amante* (1662). Entre las óperas de Giovanni Legrenzi (1626-1690) nos queda *La divisione del mondo* (1675) y *Germanico sul Reno* (1676), mientras que Antonio Cesti (1623-1669) escribe la *Orontea* (1656) y *Il pomo d'oro* (1668). La fastuosidad de la puesta en escena y un crecimiento gradual de las arias son, en esta época, algunas de las características de la ópera que se extiende de Venecia a Roma, y, a continuación, rápidamente por toda Europa. En Francia, Jean-Baptiste Lully (1632-1687) sienta las bases de la tragedia musical, que está también compuesta de acciones alegóricas y danzas con el mayor respeto por el clima absolutista que se vivía en Versalles, en la corte del rey Luis XIV (➛10/11). Los principales títulos de este hábil músico son *Atys* (1676), *Bellerophon* (1679), *Proserpine* (1680) y *Armide* (1686), obras que se inspiran en las aventuras mitológicas, históricas y caballerescas. La tradición será renovada por Jean-Philipe Rameau (1683-1764) con *Las Indias galantes* (1735), *Zoroastro* (1749), *Cástor y Pólux* (1737) (➛21). En Inglaterra, la ópera italiana cede el paso a la *máscara* que, como la tragedia musical francesa, pero con un poco más de libertad, alterna el canto, la danza y la pantomima. Henry Purcell (1659-1695) es su mayor representante (➛11).

Supremacía italiana

En la Europa del siglo XVIII, dividida políticamente, la supremacía de la ópera es italiana. Los libretistas, que basan el canon de la ópera seria en la racionalización de la acción y la intervención de los personajes, son italianos: Apostolo Zeno (1668-1750) y

Jean-Philippe Rameau, heredero de la tradición lírica de Lully, en un retrato del siglo XVIII.

Ludwig Schnorr y su esposa Malva en *Tristán e Isolda* de Wagner.

La sala del teatro La Fenice de Venecia antes de ser destruido en un incendio el 29 de enero de 1996.

Ilustración que acompañaba el estreno del *Orfeo y Eurídice* de Gluck. Publicada en París, en 1764.

Pietro Metastasio (1698-1782) (➛16). Los compositores alemanes, como Georg Friederich Händel (1685-1759) (➛14) y Johann Adolph Hasse (1699-1783), también escriben óperas italianas. El mismo Mozart (1756-1791) (➛22) utiliza la lengua italiana para sus grandes obras maestras.

En esta etapa de la evolución del género, el canto alambicado caracteriza a las arias que no sólo aumentan en número, sino que se extienden en la duración. Ofrecen un espectro de las pasiones de los personajes del melodrama, pero muy pronto se volverán un pretexto para verdaderas exhibiciones vocales en las pausas de los recitales. Entre las óperas de Alessandro Scarlatti (1660-1725) (➛17) destacan: *Gli equivoci nel sembiante* (1679), *Mitridate Eupatore* (1707), *Tigrane* (1715), *Il trionfo dell'onore* (1718) y *Griselda* (1721). *Semiramide riconosciuta* (1729) y *Ariadne in Naxus* (1733) son obras maestras de Nincola Porpora (1686-1768). Entre los cuarenta y cuatro dramas de Georg Friederich Händel (1685-1759) (➛14/15) cabe señalar: *Rinaldo* (1711), *Giulio Cesare in Egitto* (1724), *Rodelinda regina de'lo ngobardi* (1725), *Alcina* (1735), *Serse* (1738), *Deidamia* (1741). En la época, la producción de Johann Adolph Hasse, quien fue amigo de Pietro Metastasio y que nos dejó *Antioco* (1721), *Artaserse* (1730), *Arminio* (1730), *La clemencia de Tito* (1735) e *Il Ruggiero* (1771), no eran menos importantes. La ópera bufa se afirma internacionalmente con los intermedios de *La serva padrona* (1733) de Giovan Battista Pergolesi (1710-1736) (➛17), compositor napolitano que será un modelo para la generación de Giovanni Paisiello (1740-1816) y de Domenico Cimarosa (1749-1801), autor de *El matrimonio secreto* (1792) y también italiano (➛18/19).

De la reforma de Gluck al genio de Mozart

Entre los siglos XVII y XVIII se afirma el fenómeno de los cantantes masculinos castrados, que serán, gracias a sus extraordinarias cualidades vocales, venerados por el público. Entre estos cantantes destacan Farinelli (1705-1782), Senesino (aprox. 1680-1750) y Cafarelli (1710-1783) (➛14/15). Sin embargo, hay también auténticas divas que aparecen en escena durante el siglo XVIII. Éstas privilegian el virtuosismo vocal por encima de la recitación. Entre ellas: Francesca Cuzzoni (1700-1770), Faustina Bordón (1700-1781), Vittoria Tesi (1700-1775) y Lucrezia Aguiari (1743-1783), apreciada por Mozart. Cristoph Willibald Gluck (1714-1787) (➛20/21) trata de remediar el poder exorbitante de los cantantes y de las viejas convenciones del teatro de ópera de su época por medio de un canto declamado y de una mayor atención a la orquesta (*Orfeo y Eurídice*, 1762; *Alceste*, 1767). Ahí están las premisas de una verdadera reforma musical que suscita entre los ilustrados interés y contrastes. Wolfgang Amadeus Mozart (1756-1791) comienza su rica contribución a la ópera abordando todos los géneros, yendo de la ópera seria (*Indomenée*, 1781 y *La clemencia de Tito*, 1791) a la ópera bufa (*Las bodas de Fígaro*, 1786) y llegando, como en *Don Juan* (1787), a una fusión única de los dos géneros (➛22). *Così fan tutte* (1790) completa la trilogía de óperas realistas con Lorenzo da Ponte (1749-1838) (➛30/31). Mozart prepara también las bases para la futura ópera alemana con *El rapto en el serrallo* (1782), un *singspiel*, género teatral de lengua alemana en el que partes declamadas se alternan con partes musicales, donde los elementos fantásticos y las historias populares se entremezclan. *La flauta mágica* (1791), otro *singspiel*, es una fábula con mil significados y constituye el testamento teatral del compositor. Géneros con una estructura análoga son el *ballad-opera* inglés, derivado de la máscara, la zarzuela española y la ópera cómica francesa. En la época de Mozart, durante la segunda mitad del siglo XVIII, a causa de la necesidad de tener espacios consagrados a un género que atraía a un público cada vez más amplio, se construyó uno de los templos más grandes de la música lírica

El teatro Bolshoi de Moscú a principios del siglo XX.

que aún existen. El esquema arquitectónico más frecuente es el de la sala italiana que presenta muchas filas de palcos, en forma de herradura, que rodean la orquesta. En Milán, se construyó la sala de La Scala (➛48/49), inaugurada en 1778. Cuenta con ciento cuarenta y seis filas y en ella tuvo lugar una larga serie de estrenos líricos de Bellini, Donizetti, Puccini y Verdi. En vez de los habituales decorados con estuco dorado, el teatro de municipal de Bolonia (1763) presenta una estructura en piedra realizada por Antonio Galli Bibiena (1700-1774). Un incendio destruyó el teatro La Fenice, inaugurado en Venecia en 1792. En Múnich, el teatro Cuvillés, inaugurado en 1753, es un ejemplo espléndido de sala rococó, mientras que en Berlín, la sala Staatsoper Unter den Linden, construida en 1742 y reformada en 1844, propone un interior de una sobria elegancia neoclásica.

Verdi y la ópera italiana del siglo XIX

En el siglo XIX la gran época italiana aún continúa. Primero con Gioacchino Rossini (1792-1868), quien altera los principios que habían acompañado el nacimiento del melodrama, dejando vía libre a la fantasía melódica sostenida por un acompañamiento orquestal complejo (➛24/25). La carrera de Rossini es una marcha triunfal desde las primeras farsas venecianas, como *Tancredi* (1813), *Una italiana en Argel* (1813) y *El barbero de Sevilla* (1816), hasta óperas napolitanas serias como *Ermione* (1819) y *La mujer del lago* (1819). Sin embargo, es una marcha que se interrumpe rápidamente, en París, donde Rossini abandona el teatro después del estreno de Guillermo Tell (1829). Su intérprete preferida, Isabella Colbran (1785-1845), es una de las primeras grandes divas del canto. Giuditta Pasta es de la misma época (1787-1865) y es ella quien da vida por primera vez a muchas partituras de Vincenzo Bellini (1801-1835) (➛27). Él también concluye en París su breve e intensa existencia, después de haber llenado sus óperas de efusiones románticas (*El pirata*, 1827; *La sonámbula*, 1831; *Norma*, 1831) y moderado el *bel canto* vivaz de Rossini. Gaetano Donizetti (1797-1848) tiene un proceder similar. Nos deja su obra maestra *Lucía de Lammermoor* (1835), así como otros sesenta títulos compuestos en menos de treinta años para los más grandes teatros europeos. Con Giuseppe Verdi (1813-1901) (➛28), el viejo estilo de compositor de ópera desaparece y, en su lugar, aparece un verdadero dramaturgo que sopesa con cuidado los libretos antes de componer melodramas concisos y de fuerte impacto en el público (➛34/35). El camino para el *Nabucco* (1842) está abierto, y lo interpreta la soprano Giuseppina Strepponi (1815-1897), futura esposa de Verdi, quien sigue su investigación musical y dramática con *Ernani* (1844) y *Macbeth* (1847), y logra sus mejores éxitos con *Rigoletto* (1851), *Il trovatore* (1853) y *La traviata* (1853), donde se demuestra la originalidad del compositor en el tratamiento de los temas más insólitos y escandalosos. *Un baile de máscaras* (1859), *Don Carlos* (1867), *Aída* (1871), *Otelo* (1887) y *Falstaff* (1893) representan las muchas etapas del camino teatral de este compositor particularmente amado en Italia por sus connotaciones de *Risorgimento* en su música.

Francia

París es la capital de la gran ópera, género teatral perfeccionado por Giacomo Meyerbeer (1791-1864), quien escoge con el libretista Eugène Scribe (1791-1861) temas muy espectáculares, de inspiración histórica, que reconstruyen minuciosamente (➛32/33). Adolphe Nourrit (1802-1839) es el tenor más famoso y alcanza sus mayores éxitos abordando este género de orígen francés. Sin embargo, muy pronto, Gilbert-Louis Duprez (1806-1896) (➛32/33) le reemplaza en los favores del público. Todos los compositores del siglo XIX se miden en la *grand opéra*, incluidos Wagner y Verdi, mientras que Hector Berlioz (1803-1869,) (➛33) instrumentista y sinfonista genial, ofrece un camino personal al teatro musical con la epopeya de *Los troyanos* (1890). Las obras maestras del teatro musical francés de la segunda mitad del siglo XIX son *Fausto* (1859) de Charles Gounod (1818-1893) y *Carmen* (1875)de Georges Bizet (1838-1875) (➛44), que constituye el punto álgido del género de la ópera cómica. La rica producción de Jules Massenet (1842-1912,) autor de *Werther* (1892), puede situarse entre el movimiento intimista y el decadentismo.

Wagner y la ópera alemana

El representante más importante de la ópera nacional que se afirma en Alemania es Carl Maria von Weber (1786-1826).

El Metropolitan Opera House de Nueva York en 1889.

La diva María Callas (1923-1977).

El tenor Luciano Pavarotti (nacido en 1935).

Él es el iniciador de un teatro musical romántico que apuesta por los elementos fantásticos (➤29). Sus obras maestras son *El cazador furtivo* (1821), *Obéron* (1826) y *Euriante* (1823). Sin embargo, antes no podemos ignorar la contribución de Ludwig van Beethoven (1770-1827) (➤28/29) con su única ópera *Fidelio* (1805). Es el terreno que prepara la llegada de Richard Wagner (1813-1883) (➤36/37), el cual sobrepasa a cualquier otro reformador eventual de la ópera, sosteniendo y defendiendo con fuerza la necesidad de un drama absolutamente unitario, objetivo de sus grandes creaciones a partir del ciclo de *El anillo de los nibelungos* (1851-1874) hasta *Tristán e Isolda* (1865) y *Parsifal* (1882), primera ópera que se concibe pera el teatro que Wagner hizo construir sobre una colina de la pequeña población alemana de Bayreuth, intentando reencontrar el espíritu de un rito antiguo durante el cual el público, sin distinción de clases, se sentaba en una sala donde la orquesta era invisible. Entre los intérpretes más admirados por Wagner destacan Wilhelimine Schroeder-Devrient (1804-1860), el tenor Ludwig Sehnorr von Carolsfeld (1835-1865) y su mujer, Malvina (1825-1904). Durante los años en que Wagner realiza su sueño del nuevo teatro, el Festspielhaus, inaugurado en 1876, en Europa se continúan construyendo salas tradicionales: el Covent Garden en Londres, que aloja, en un edificio inaugurado en 1858, la historia de tres salas construidas precedentemente y después destruidas, que se remontan a 1732; el teatro Bolshoi, en Moscú, en 1856; el Marinski, en San Petersburgo, en 1860; la Opéra Garnier, en París, en 1875.

Los rusos

La historia del teatro de ópera en Rusia comienza en el siglo XVIII con el paisaje de grandes compositores italianos. Pero con Mikhail Glinka (1804-1857) y su composición *Una vida para el zar* (1836) la ópera nacional nace finalmente. Con Modest Mussorgski (1839-1881), Aleksander Borodin (1833-1887) y Piotr Illich Tchaikovski (1840-1893) se extraerá, durante todo el siglo XIX (➤40/41), de la historia, el folclore y la literatura rusa. Esta última es representada sobre todo por Alexsander Pushkin (1799-1837), que inspira a Mussorgski para su *Boris Godunov* (1874) así como a Tchaikovski para su *Evgeni Onegin* (1879) y *La dama de picas* (1890). En el siglo XX la historia continúa con óperas de Dimitri Shostakovich (1906-1975), que compone *La nariz* (1930) a partir de un relato de Nikolai Gogol (1801-1852), autor de *El ángel de fuego* (1955), y el gran fresco histórico *Guerra y paz* (1946), basada en la novela homónima del gran escritor ruso Leon Tolstoi (1882-1945).

El siglo XX

En el alba del nuevo siglo, el protagonista es todavía un autor italiano: Giacomo Puccini (1858-1924) (➤42/43), que hace vivir al drama su última época popular con *La bohème* (1896), *Tosca* (1900), *Madama Butterfly* (1904) y *Turandot* (1920). Estas óperas se componen a partir de un inteligente trabajo orquestal que no merma en absoluto la inspiración melódica. La voz excepcional de Enrico Caruso (1873-1921), a quien le sucederá Beniamino Gigli (1890-1957), contribuirá al éxito de Puccini. La experiencia verista que debuta con *La caballería rusticana* (1890) de Pietro Mascagni (1863-1945) está en la estela de Puccini. En Francia, Claude Debussy (1862-1918) (➤44/45) compone *Pelléas et Mélisande* (1902), mientras que en Alemania Richard Strauss (1864-1949) (➤47) recoge la herencia de Wagner, superándola en los resultados expresionistas y decadentes de *Salomé* (1905) y *Electra* (1909). *El caballero de la rosa* (1911), capítulo de un diálogo jamás interrumpido con la tradición, representa un giro. Pero son sobre todo los grandes

Los directores de orquesta Claudio Abbado (nacido en 1933) –a la izquierda– y Herbert von Karajan (1908-1989).

cantantes que, a partir del final de la Primera Guerra Mundial, mantienen en vida la tradición lírica. Las sopranos Elisabeth Schwarzkopf (1915), Renata Tebaldi (1922), Birgit Nilsson (1918), Regine Crespin (1927), Mirella Freni (1935), Renata Scotto (1934), Jessye Norman (1945) y Joan Sutherland (1926); las mezzosopranos y las contraltos Giulietta Simionato (1910), Cristha Ludwig (1924), Teresa Berganza (1934), Marilyn Horne (1934); los tenores Carlo Bergonzi (1924), Wolfgang Windgassen (1914-1974), Plácido Domingo (1941), Luciano Pavarotti (1935); el barítono Dietrich Fischer Dieskau (1925); los bajos Ruggero Raimondi (1941) y Josè van Dam (1940), pertenecen a la generación más reciente. Entre las voces emergentes, podemos citar a la mezzosoprano Cecilia Bartoli (1966) y el tenor José Cura (1962). Por lo que concierne a la voz de la segunda mitad de este siglo, María Callas (1923-1977), que ha sabido encarnar perfectamente el papel de la diva del *bel canto,* merece ser tratada aparte. Sin embargo, es en una de las capitales de la tradición, Viena, que Arnold Schönberg (1874-1951) toma posición contra esta misma tradición (➛46). Emancipa la disonancia con la dodecafonía y rechaza la comunicación fácil con el público. El teatro musical se vuelve más problemático, refleja las angustias, las tensiones y las disociaciones del arte contemporáneo. Es la época de grandes obras maestras únicas en su género: *Wozzeck* (1925) y *Lulu* (1937) de Alban Berg (1885-1935), *Moses und Aron* (1931) de Schönberg, *El castillo de barba azul* (1918) de Béla Bartók (1881-1945), *Cardillac* (1926) de Paul Hindemith (1895-1963). Un caso aparte es representado por el teatro musical del compositor checo Leos Janáček (1854-1928) quien, durante las primeras décadas del siglo, explora nuevas formas expresivas con las óperas siguientes: *Jenufa* (1904), *Katya Kabanova* (1921), *El caso Makropulos* (1926), *De la casa muerta* (1930). Igor Stravinski (1882-1971) con *The Rake's Progress* (*La carrera del libertino*), fábula en tres actos que ha sido de las composiciones más representadas en el mundo, ofrece en 1951 una reinterpretación de esta ópera dividida en partes fijas con una clara intención de parodia (➛46). Benjamin Britten (1913-1976) después de haberse relacionado en 1948 con los principios del *ballad opera* inglés con una remodelación del *Beggar's Opera* (1728) de John Gay (1685-1732), inaugura, al contrario, un nuevo género de teatro de cámara con *Turn of the Screw* (Una vuelta de tornillo) en 1954, y contribuye a ampliar el catálogo de óperas del siglo XX con *Peter Grimes* (1945), *Billy Budd* (1951), *The Midsummer Night's Dream* (Sueño de una noche de verano) en 1960. En lo que se refiere a la apertura de nuevas salas, la construcción del teatro lírico más grande del mundo, el Colón de Buenos Aires, data de 1908. Tiene capacidad para tres mil quinientas personas. El nuevo Metropolitan, construido en Nueva York en 1966 para reemplazar la antigua sala inaugurada un siglo antes y donde había dirigido Arturo Toscanini, puede acoger al mismo número de espectadores. La nueva Opéra Bastille de París, construida en 1990, actualmente está considerada la sala más avanzada desde el punto de vista tecnológico, habiendo destronado a la Opera House de Sydney, inaugurada en 1973. A pesar de las grandes inversiones económicas, los esfuerzos de organización y la construcción de nuevas salas, en el transcurso del siglo XX los vanguardistas, la dodecafonía y la llegada de la electrónica han contribuido a hacer perder a la ópera contemporánea su carácter popular heredado de la tradición del siglo XIX. Tanto, que el gran público ha desviado su atención hacia otros tipos de espectáculos, en particular, el cine. El teatro musical se ha vuelto, pues, un terreno de desafío para los músicos que quieren afrontar de nuevo la relación entre palabra y música. Los horizontes se engrandan en múltiples direcciones como lo testimonian los esfuerzos llevados a cabo, durante estas últimas décadas, por Karl Heinz Stockausen (1928), Hans Wermer Henze (1926), Philip Glass (1937) y John Adams (1947) (➛56/57).

Los directores de orquesta

El director de orquesta, en el sentido moderno del término, se afirma a principios del siglo XIX en función de la complejidad creciente de las partituras y de la ampliación del conjunto de instrumentos. Gasparo Spontini (1784-1851) fue uno de los primeros en dirigir a los músicos con una gran batuta. Hans von Bulow (1830-1894) y Hermann Levi (1839-1900) dirigieron por primera vez óperas de Wagner. Gustav Mahler (1860-1911) (➛39) y Richard Strauss (1864-1949) (➛47) contribuyeron a la afirmción de las principales óperas de Mozart. Angelo Mariani (1821-1873) fue un apreciado intérprete de las óperas de Verdi. El primer director de orquesta que se convirtió en una gran estrella fue Arturo Toscanini (1867-1957) (➛43), y estrenó muchas partituras de Puccini. Wilhem Furtwaengler (1886-1954) y Clemens Krauss (1893-1954) pertenecen a la misma generación y alcanzaron resultados muy elevados en su interpretación del universo musical romántico. El compositor griego Dimitri Mitropulos nos ha dejado memorables ejecuciones de óperas de Verdi, así como un repertorio del siglo XX. Más tarde, es el austríaco Harbert von Karajan (1908-1989) quien se afirma y nos ofrece una lectura lírica intensa de las páginas más importantes del repertorio de la ópera. El horizonte del húngaro Georg Solti (1912-1997) también es muy vasto, mientras que las elecciones del italiano Carlo Maria Giulini (1914), en el dominio del teatro musical son más precisas. El alemán Carlos Kleiber (1930), los italianos Claudio Abbado (1933) y Riccardo Muti (1941), el estadounidense James Levine (1943), el argentino Daniel Barenboim (1942), el japonés Seiji Ozawa (1935) y el indio Zubin Metha (1936) pertenecen a la siguiente generación.

Los directores escénicos

Los directores de escena ocupan a partir de ahora un lugar determinante en el mundo de la ópera lírica, ya que a ellos, como a los directores de orquesta, se les confía la tarea de ofrecer al público una lectura dramática coherente y moderna de la ópera. Desde la época de los pioneros de principios de siglo, entre los cuales podemos recordar a Edward Gordon Graig (1872-1966) y Max Reinhardt (1873-1943) (➛54), pasamos a la generación de Luchino Visconti (1906-1976) (➛54) en Italia y a la de Wieland Wagner (1917-1966) en Alemania. Visconti ofrece una lectura estimulante e interesante de la tradición lírica italiana poniendo en evidencia el mundo de Verdi, como lo demuestra su edición de *La traviata* en los años cincuenta. Wieland Wagner, sobrino del célebre compositor, renueva el imaginario del drama musical wagneriano en espectáculos donde la matriz lírica y abstracta dominan, iniciando así una revolución en la tradición escénica del festival de Bayreuth.

El papel del italiano Giorgio Strehler (1921-1997) es fundamental para la puesta en escena lírica. Dirige representaciones históricas de obras maestras de Mozart que se han confirmado como verdaderos clásicos, como *El rapto en el eserrallo* y *Las bodas de Fígaro.* También son importantes dos escenificaciones de óperas de Verdi: *Macbeth* y *Simon Boccanegra.* La inspiración del francés Jean-Pierre Ponnelle (1932-1988) es fuertemente musical. Abraza la ópera de Rossini y de Wagner con un incomparable talento teatral, firmando también los decorados y el vestuario. En la vertiente del vanguardismo encontramos al alemán Peter Stein (1937), dividido entre el mundo de la prosa y el de la ópera lírica, e influenciado por una lectura ideológica del texto musical. El italiano Luca Ronconi (1933) nunca ha abandonado la tradición escénica barroca italiana, puesta al día y a menudo alterada por los resultados más altos en sus puestas en escena, entre las cuales destacan *Aída* de Verdi, *Viaje a Reims* de Rossini y *La condenación de Fausto* de Berlioz. Contrariamente, el francés Patrice Chereau (1944) ha proyectado una nueva luz sobre la interpretación del drama musical wagneriano con su célebre versión de *El anillo de los nibelungos* realizada para el festival de Bayreuth en los años setenta, fuente de escándalos y de polémicas para los wagnerianos más consevadores a causa de su estilo desacralizante. Entre los resultados más radicales de la vanguardia americana, Peter Sellars (1958) ha querido mostrar la modernidad del teatro musical sometiendo la dramaturgia lírica a actualizaciones sustanciales, como en la trilogía de Mozart, donde *Las bodas de Fígaro, Don Juan* y *Cosi fan tutte* son transportadas a la América actual.

El director de orquesta japonés Seiji Ozawa (nacido en 1935).

Los festivales

Hoy en día se escriben muchas menos óperas en comparación con las que se componían unos cien o doscientos años atrás. Pero esta fuerte reducción de la producción no ha debilitado el interés por el teatro musical, que vive sobre todo del repertorio constituido en el espacio de cuatro siglos de existencia. Del barroco al siglo XX, las temporadas líricas de los teatros del mundo entero prueban que ninguna forma o estilo del pasado está excluida, y los festivales líricos internacionales confirman esta tendencia. En Austria, el Festival de Salzburgo es, desde 1917, uno de los más antiguos y más prestigiosos. Nació en la ciudad natal de Mozart y recibió su huella, pero actualmente muestra una gran sensibilidad por las tendencias de la música contemporánea. En Italia podemos recordar el Maggio Musicale Florentino, muy atento, desde sus comienzos, a elecciones de reinterpretaciones refinadas, mientras que el Festival dell'Arena de Verona se dirige al gran público de melómanos. El Festival de Pesaro es más reciente, sin ser por ello menos prestigioso, y se consagra a las óperas de Rossini, ya sean célebres o no. En Inglaterra, el Festival de Glyndebourne, organizado desde 1934, conserva su aire aristocrático, mientras que en Francia, el Festival d'Aix-en-Provence tiene un pasado glorioso por sus redescubrimientos del teatro de Mozart y de composiciones francesas. Aún en la actualidad, el teatro de Bayreuth es el destino de millares de apasionados, allí donde Wagner, en 1876, dio a luz al primer festival de todos los tiempos, consagrándolo a la representación de sus propios dramas musicales.

Índice de nombres